CLEP

College Level Examination Program

Spanish

Celina Martinez, BA
Andres Felipe Hensley, BA

XAMonline

XAMonline, Inc.
21 Orient Avenue
Melrose, MA 02176
Toll Free: 1-800-509-4128
Email: info@xamonline.com
Web: www.xamonline.com
Fax: 1-617-583-5552

Library of Congress Cataloging-in-Publication Data

Martinez, Celina

CLEP Spanish/Celina Martinez
ISBN: 978-1-60787-528-4

1. CLEP 2. Study Guides 3. Spanish

Disclaimer:

The opinions expressed in this publication are the sole works of XAMonline and were created independently from the College Board, or other testing affiliates. Between the time of publication and printing, specific test standards as well as testing formats and website information may change that are not included in part or in whole within this product. XAMonline develops sample test questions, and they reflect similar content as on real tests; however, they are not former tests. XAMonline assembles content that aligns with test standards but makes no claims nor guarantees candidates a passing score.

Printed in the United States of America
CLEP SPANISH
ISBN: 978-1-60787-528-4

Table of Contents

Meet the Authors

Celina Martinez is a freelance Interpreter, assisting people worldwide. Collaborating with different Companies and Universities since 2010. Celina also owns a Bachelor's Degree in Architecture by Instituto Tecnologico y de Estudios Superiores de Monterrey.

She's currently living in Lake Buena Vista, Florida.

Andrés Felipe Hensley is from Colombia (South America), but he lived for many years in England because his father is English and his mother is Colombian. He is a professional of a B.A in modern languages and a specialist in Virtual Teacher program. He works as a language teacher and translator of Spanish and English and musician; he plays guitar and sings in the languages he teaches; he has written various stories and lyrics related to nature and love.

About XAMonline

XAMonline—A Specialty Teacher Certification Company

Created in 1996, XAMonline was the first company to publish study guides for state-specific teacher certification examinations. Founder Sharon Wynne found it frustrating that materials were not available for teacher certification preparation and decided to create the first single, state-specific guide. XAMonline has grown into a company of over 1800 contributors and writers and offers over 300 titles for the entire PRAXIS series and every state examination. No matter what state you plan on teaching in, XAMonline has a unique teacher certification study guide just for you.

XAMonline—A specialty CLEP publisher

In 2016 XAMonline specialized in CLEP products. We created both a full Spanish study guide and 5 individual sample tests, two of which we include with this study guide and all have the explanations to the answers. XAMonline has been in publishing for 20 years where our product line has been for teacher certification. If you can train the teachers it is a good sign we can help you too. To specialize in CLEP means you have access to the knowledge and frameworks and can write authoritatively to those standards and produce material that is not only helpful but useful.

XAMonline—Value and a successful future

We are committed to providing value and innovation. Our print-on-demand technology allows us to be the first in the market to reflect changes in test standards and user feedback as they occur. Our guides are written by experienced experts who are experts in their fields. and our content reflects the highest standards of quality. Comprehensive practice tests with varied levels of rigor means that your study experience will closely match the actual in-test experience.

Our competitive advantage

As of 2016, the College Board are administrators of the CLEP Spanish test and do not make full guides for this test or any other test. For Spanish, they offer "official" material that has 100 of the 120 questions. It provided answers but failed to include explanations or content. The material is not a former test. It has no audios to go along with the listening sections. You must decide for yourself if you think a sample test is a study guide or is it a study resource? Is it "Official" if it is not a real test? Is it 2016 if it is essentially the same product as it has been in many past years.

Over the last 20 years, XAMonline has helped nearly 600,000 test takers. Our commitment to preparation exceeds simply providing the proper material for study—it extends to helping you gain mastery of the subject matter, ushering today's students toward a successful future.

Section I Introduction

Chapter One: Overview of the Test

About CLEP

The College Level Examination Program (CLEP) helps earn college credit in about 33 subjects, for knowledge acquired in a variety of ways as prior study, professional expertise or personal development. Therefore, you are allowed to save in tuition and time by accelerating graduation process.

It's one of the most trusted credit-by-examination program, that has been widely accepted for over 40 years by 2.900 colleges and universities and administered in over 1.800 test centers. Exam-takers include college students, military service members and individuals returning to school.

The Test helps students achieve success by placing them accurately. If you find yourself in a situation where you excel and master 1 or a few subjects, this is a great opportunity where you can get credit for all your prior hard-work.

This Examination Program, developed by The College Board, covers material taught in courses that most students take during college.

Your CLEP plan

Would you like to know which tests are the easiest? Would you like to know which tests are attempted most? XAMonline found those answers using Nielson data for that specialty information.

What will be your CLEP strategy?

STEP 1. Know what the first four **semester requirements** are for your major. Look for one English course, on History course, one Science course and one Math course.

STEP 2. Confirm your readiness cost effectively with **a sampler approach**. Look at the CLEP strategy as a whole. The above plan would give you five tests to take and you would shave off one full semester by your sophomore year! Take a peek at those five. XAMonline CLEP sampler gives you one Math, one Science, one English and one history test. We pick the easiest ones of the 33 available. However, maybe you want more challenge, for instance Chemistry or Calculus. All 33 tests are available as superior sample tests with explanations that align fully to the frameworks.

STEP 3. Invest in yourself and use **a full study guide** for each test you select. You only need a cut score of 50% and that is amazing! However, if you get a 49 you have nada. In the grand scheme of things a full study guide in this situation is the best money you can spend. If you are on a budget there are alternatives of sample tests.

You have to know who your customer is. Did you know that the University of Miami has more Spanish test takers than all other Colleges and almost the same as the entire military for this test where most were coming from the Air Force. We know that because we go to the annual CLEP convention. And we noticed that no other publishers did that.

About CLEP Spanish Language

The College Level Examination Program for Spanish Language has been designed for students who have acquired the ability to comprehend, read and listen Spanish. Achieved throughout study, cultural heritage, abroad or job experience.

The material tested is that one taught during the first or second year of college study. Offering the opportunity to earn up to 12 college credits.

It contains 120 questions to be answered approximately in 90 minutes. Some questions will be pretest questions that won't be scored. There are 3 different sections explained in the chart below:

Section	Type	Description	Percentage from Final Score
Section I	Listening: Rejoinders	Listening comprehension through short oral exchanges	15%
Section II	Listening: Dialogues & Narratives	Listening comprehension through longer spoken selections	25%
Section III	Reading	PART A: Discrete Sentences (vocabulary & structure) 16% PART B: Short cloze passages (vocabulary & structure) 20% PART C: Reading passages & authentic stimulus materials (reading comprehension) 24%	60%

Chapter Two: Preparing for the Test

Question Types

Questions are in multiple choice format.

Being said this, it is implied you must answer ALL questions. Perhaps you won't know all of the answers. There's no penalty for guessing, though.

So, we already know there will be approximately 120 multiple-choice question, each with 4 possible answer choices, to be answered in 3 separately timed sections.

The type of questions differ from section to section followed by 4 possible answers. **All of which can be correct, you must choose the best option.**

These are the different type of questions you'll find through the test:

1. **Complete the Statement.** The name says it all. In this question type you'll be asked to choose the correct completion of a given statement. For example: The Dolch Basic Sight Words consist of a relatively short list of words that children should be able to:

   (A) Sound out

   (B) Know the meaning of

   (C) Recognize on sight

   (D) Use in a sentence

   The correct answer is C. In order to check your answer, test out the statement by adding the choices to the end of it.

2. **Which of the Following.** One way to test your answer choice for this type of question is to replace the phrase "which of the following" with your selection. Use this example: Which of the following words is one of the twelve most frequently used in children's reading texts:

    (A) There

    (B) This

    (C) The

    (D) An

    Don't look! Test your answer. ____ is one of the twelve most frequently used in children's reading texts. Did you guess C? Then you guessed correctly.

3. **Roman Numeral Choices.** This question type is used when there is more than one possible correct answer. For example: Which of the following two arguments accurately supports the use of cooperative learning as an effective method of instruction?

    I. Cooperative learning groups facilitate healthy competition between individuals in the group.
    II. Cooperative learning groups allow academic achievers to carry or cover for academic underachievers.
    III. Cooperative learning groups make each student in the group accountable for the success of the group.
    IV. Cooperative learning groups make it possible for students to reward other group members for achieving.

    (A) I and II

    (B) II and III

    (C) I and III

    (D) III and IV

    Notice that the question states there are **two** possible answers. It's best to read all the possibilities first before looking at the answer choices. In this case, the correct answer is D.

4. **Negative Questions.** This type of question contains words such as "not," "least," and "except." Each correct answer will be the statement that does **not** fit the situation described in the question. Such as: Multicultural education is **not**

(A) An idea or concept

(B) A "tack-on" to the school curriculum

(C) An educational reform movement

(D) A process

Think to yourself that the statement could be anything but the correct answer. This question form is more open to interpretation than other types, so read carefully and don't forget that you're answering a negative statement.

5. **Questions That Include Graphs, Tables, or Reading Passages.** As ever, read the question carefully. It likely asks for a very specific answer and not broad interpretation of the visual. Here is a simple (though not statistically accurate) example of a graph question: In the following graph in how many years did more men take the NYSTCE exam than women?

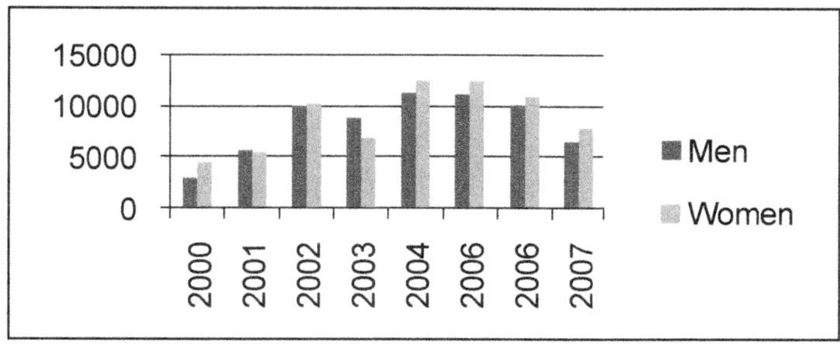

(A) None

(B) One

(C) Two

(D) Three

It may help you to simply circle the two years that answer the question. Make sure you've read the question thoroughly and once you've made your determination, double check your work. The correct answer is C.

Helpful Hints

1. **You are what you eat.** Certain foods aid the learning process by releasing natural memory enhancers called CCKs (cholecystokinin) composed of tryptophan, choline, and phenylalanine. All of these chemicals enhance the neurotransmitters associated with memory and certain foods release memory enhancing chemicals. A light meal or snacks from the following foods fall into this category:
   - Milk
   - Nuts and seeds
   - Rice
   - Oats
   - Eggs
   - Turkey
   - Fish

   The better the connections, the more you comprehend!

2. **See the forest for the trees.** In other words, get the concept before you look at the details. One way to do this is to take notes as you read, paraphrasing or summarizing in your own words. Putting the concept in terms that are comfortable and familiar may increase retention.

3. **Question authority.** Ask why, why, why. Pull apart written material paragraph by paragraph and don't forget the captions under the illustrations. For example, if a heading reads *Stream Erosion* put it in the form of a question (why do streams erode? Or what is stream erosion?) then find the answer within the material. If you train your mind to think in this manner you will learn more and prepare yourself for answering test questions.

4. **Play mind games.** Using your brain for reading or puzzles keeps it flexible. Even with a limited amount of time your brain can take in data (much like a computer) and store it for later use. In ten minutes you can: read two paragraphs (at least), quiz yourself with flash cards, or review notes. Even if you don't fully understand something on the first pass, your mind stores it for recall, which is why frequent reading or review increases chances of retention and comprehension.

5. **The pen is mightier than the sword.** Learn to take great notes. A by-product of our modern culture is that we have grown accustomed to getting our information in short doses. We've subconsciously trained ourselves to assimilate information into neat little packages. Messy notes fragment the flow of information. Your notes can be much clearer with proper formatting. ***The Cornell Method*** is one such format. This method was popularized in *How to Study in College*, Ninth Edition, by Walter Pauk. You can benefit from the method without purchasing an additional book by simply

6. **looking the method up online.** Below is a sample of how *The Cornell Method* can be adapted for use with this guide.

<table>
<tr><td>← 2 ½" →</td><td>← 6" →</td></tr>
<tr><td>Cue Column</td><td>Note-Taking Column

1. Record: During your reading, use the note-taking column to record important points.
2. Questions: As soon as you finish a section, formulate questions based on the notes in the right-hand column. Writing questions helps to clarify meanings, reveal relationships, establish community, and strengthen memory. Also, the writing of questions sets the state for exam study later.
3. Recite: Cover the note-taking column with a sheet of paper. Then, looking at the questions or cue-words in the question and cue column only, say aloud, in your own words, the answers to the questions, facts, or ideas indicated by the cue words.
4. Reflect: Reflect on the material by asking yourself questions.
5. Review: Spend at least ten minutes every week reviewing all your previous notes. Doing so helps you retain ideas and topics for the exam.</td></tr>
<tr><td>↑ 2" ↓</td><td>Summary

After reading, use this space to summarize the notes from each pages.</td></tr>
</table>

*Adapted from How to Study in College, Ninth Edition, by Walter Pauk, ©2008 Wadsworth

7. **Place yourself in exile and set the mood.** Set aside a particular place and time to study that best suits your personal needs and biorhythms. If you're a night person, burn the midnight oil. If you're a morning person set yourself up with some coffee and get to it. Make your study time and place as free from distraction as possible and surround yourself with what you need, be it silence or music. Studies have shown that music can aid in concentration, absorption, and retrieval of information. Not all music, though. Classical music is said to work best.

8. **Get pointed in the right direction.** Use arrows to point to important passages or pieces of information. It's easier to read than a page full of yellow highlights. Highlighting can be used sparingly, but add an arrow to the margin to call attention to it.

9. **Check your budget.** You should at least review all the content material before your test, but allocate the most amount of time to the areas that need the most refreshing. It sounds obvious, but it's easy to forget. You can use the study rubric above to balance your study budget.

Testing Tips

1. **Get smart, play dumb.** Sometimes a question is just a question. No one is out to trick you, so don't assume that the test writer is looking for something other than what was asked. Stick to the question as written and don't overanalyze.

2. **Do a double take.** Read test questions and answer choices at least twice because it's easy to miss something, to transpose a word or some letters. If you have no idea what the correct answer is, skip it and come back later if there's time. If you're still clueless, it's okay to guess. Remember, you're scored on the number of questions you answer correctly and you're not penalized for wrong answers. The worst case scenario is that you miss a point from a good guess.

3. **Turn it on its ear.** The syntax of a question can often provide a clue, so make things interesting and turn the question into a statement to see if it changes the meaning or relates better (or worse) to the answer choices.

4. **Get out your magnifying glass.** Look for hidden clues in the questions because it's difficult to write a multiple-choice question without giving away part of the answer in the options presented. In most questions you can readily eliminate one or two potential answers, increasing your chances of answering correctly to 50/50, which will help out if you've skipped a question and gone back to it (see tip #2).

5. **Call it intuition.** Often your first instinct is correct. If you've been studying the content you've likely absorbed something and have subconsciously retained the knowledge. On questions you're not sure about trust your instincts because a first impression is usually correct.

6. **Graffiti.** Sometimes it's a good idea to mark your answers directly on the test booklet and go back to fill in the optical scan sheet later. You don't get extra points for perfectly blackened ovals. If you choose to manage your test this way, be sure not to mismark your answers when you transcribe to the scan sheet.

7. **Become a clock-watcher.** You have a set amount of time to answer the questions. Don't get bogged down laboring over a question you're not sure about when there are ten others you could answer more readily. If you choose to follow the advice of tip #6, be sure you leave time near the end to go back and fill in the scan sheet.

Do the Drill

No matter how prepared you feel it's sometimes a good idea to apply Murphy's Law. So the following tips might seem silly, mundane, or obvious, but we're including them anyway.

1. **Remember, you are what you eat, so bring a snack.** Choose from the list of energizing foods that appear earlier in the introduction.

2. **You're not too sexy for your test.** Wear comfortable clothes. You'll be distracted if your belt is too tight, or if you're too cold or too hot.

3. **Lie to yourself.** Even if you think you're a prompt person, pretend you're not and leave plenty of time to get to the testing center. Map it out ahead of time and do a dry run if you have to. There's no need to add road rage to your list of anxieties.

4. **Bring sharp, number 2 pencils.** It may seem impossible to forget this need from your school days, but you might. And make sure the erasers are intact, too.

5. **No ticket, no test.** Bring your admission ticket as well as two forms of identification, including one with a picture and signature. You will not be admitted to the test without these things.

6. **You can't take it with you.** Leave any study aids, dictionaries, notebooks, computers and the like at home. Certain tests do allow a scientific or four-function calculator, so check ahead of time if your test does.

7. **Prepare for the desert.** Any time spent on a bathroom break cannot be made up later, so use your judgment on the amount you eat or drink.

8. **Quiet, Please!** Keeping your own time is a good idea, but not with a timepiece that has a loud ticker. If you use a watch, take it off and place it nearby but not so that it distracts you. And silence your cell phone.

To the best of our ability, we have compiled the content you need to know in this book and in the accompanying online resources. The rest is up to you. You can use the study and testing tips or you can follow your own methods. Either way, you can be confident that there aren't any missing pieces of information and there shouldn't be any surprises in the content on the test.

If you have questions about test fees, registration, electronic testing, or other content verification issues please visit www.collegeboard.org

Good luck!
Sharon Wynne
Founder, XAMonline

Section II Review

Chapter Three: The Very Basics of Spanish

Grammar

Grammar is the Art of speaking and writing correctly in any language. In Spanish, grammar is divided in: **Morphology, Syntax, Prosody** and **Orthography**.

- **Morphology:** Refers to the grammatical classification of words.
- **Syntax:** Links the words coherently within an idea.
- **Prosody:** Refers to the correct pronunciation of words.
- **Orthography:** Refers to the correct way for writing.

The Alphabet

Spanish: **Alfabeto/Abecedario**

The alphabet.—Designates a series of letters which represent sounds of a tongue. Spanish alphabet is formed by 29 letters: *a, b, c, ch, d, e, f, g, h, i, j, k, l, ll, m, n, ñ, o, p, q, r, s, t, u, v, w, x, y, z.*

Ch and *ll* are digraphs representing each a different sound. These are considered part of the alphabet.

rr, is not considered a letter since its sound is pretty much the same as the one represented by *r* (It does not represent a different sound as *ch* and *ll*).

LETTER	NAME	SOUND	SPANISH	ENGLISH
a	A	[a]	árbol	apple
b	Be	[b]	beso	boat
c	Ce	[k], [s]	Crecer, cielo	Coat, census
ch	Che	[ʧ]	chimenea	Chimney
d	De	[d]	dedo	Daniel
e	E	[e]	elefante	Elefant
f	Efe	[f]	feo	Finger
g	Ge	[g]	gato	Goat
h	Hache	[not pronounced]	hola	-
i	i	[i]	Inés	Illusion
j	Jota	[x]	jefe	Hello
k	Ka	[k]	kilo	Kenia
l	Ele	[l̪]	leon	Lion
ll	Doble ele	[ʎ]	llave	Joy
m	Eme	[m]	mamá	Mom
n	Ene	[n]	nuevo	Neon
ñ	Eñe	[ɲ]	Niña	canyon
o	O	[o]	oso	Oregon
p	Pe	[p]	pelota	Pineapple
q	ku	[q]	queso	Question
r	Erre	[ɾ]	radio	Radio
rr	Doble erre	[r]	tierra	Terrain
s	Ese	[s]	sol	Sun
t	Te	[t]	tortuga	Turtle
u	U	[u]	uva	Loose
v	Ve	[v]	vestido	Vanity
w	Doble u	[w]	whisky	Way
x	Equis	[ks]	examen	Taxi
y	y griega	[ʤ]	yo	Yoyo
z	zeta	[θ]	zoológico	cellophane

Syllabic Division

- **Sounds**, which support spoken language, are represented in written Spanish by **letters**.
- **Letters** are graphic representation of **sounds**.
- A **syllable** is the sound or sounds pronounced in each voice emission. Those sounds are not independent from one another but a complement between themselves.
- Sounds/Syllables in Spanish can involve a **vowel** or a **consonant**.
- Syllables can be just one vowel but not just one consonant: a-mor
- Consonants must be accompanied by 1, 2 or 3 vowels.
- Two vowels can be found in one syllable, this is called a **diphthong**: U-ru-guay
- Three vowels can be found in one syllable, this is called a **triphthong**: Cuauh-té-moc . . .
- Two vowels are written together but in different syllable, this is called a **hiatus**: ca-er
- A consonant between two vowels goes with the 2nd syllable: l**á**-piz . . .
- Two consonants between vowels; one goes with the previous syllable, the other one with the syllable next to it: gi**m**-**n**a-sia. Except for these groups that go together: pr, pl, br, bl, fr, fl, tr, dr, cr, cl, gr, gl: a-**gr**a-de-cer, **fl**o-tar, tem-**bl**ar . . .
- If the second consonant is l or r and is part of one of the groups that go together (pr, pl, br, bl, fr, fl, tr, dr, cr, cl, gr, gl), both go with the vowel that's next to them: ha-**bl**ar
- If we find three consonants in a syllable, the two first go with the previous vowel and the third go with next one: i**ns**-ti-tu-to . . .
- If there are 4 consonants together, they're split; 2 go with the previous syllable and the other 2 with the next one: i**ns**-**tr**uir . . .
- This words are considered one word: ch, ll, rr. They don't split: fe-**rr**o-ca-**rr**il; **ch**a-**rr**o.

Rules for Stress in Spanish

Stressed Syllables

Spanish: **Sílaba Tónica**

- Not all the syllables are pronounced with the same voice intensity.
- The higher intensity in one of the syllables is called: **accent**.
- Sometimes the accent is graphically represented when we write a certain word, some others, the accent is not represented and just pronounced, this is called: **phonetic accent**.
- The syllable with the phonetic accent or the orthographic accent is called: **stressed syllable**: ca-**mi**-sa
- The syllables with no phonetic accent on it are called: **unstressed syllables**: **ca**-mi-**sa**
- In Spanish, all the words just have **one stressed syllable**, which is the one pronounced with higher intensity
- In other languages, like French, they can have 2 stressed syllables.
- Depending on the place where the stressed syllable is, words are classified in 4 categories: **Agudas**, **Graves**, **Esdrújulas** and **Sobreesdrújulas**.
- Whenever the stressed syllable must go with a graphic accent written on it, There are certain rules to follow, depending on the category of the word, which is explained in the following chart:

CATEGORY	STRESSED SYLLABLE	EXAMPLES	GRAPHIC ACCENT	EXAMPLES
Agudas	The last one.	Co-mer Ca-fé	When they end with **n**, **s** or a **vowel**.	Can-**ción** Mos-**cú**
Graves	One before the last one.	Me-sa Dé-bil	When they end with any **consonant** except for **n** or **s** or any **vowel**.	**Ál**-bum **Ár**-bol
Esdrújulas	Two before the last one.	Te-lé-fo-no Mé-di-co	Always.	**Pá**-ja-ro
Sobreesdrújulas	Three or more before the last one.	Llé-va-te-lo Fá-cil-men-te	Always.	**Á**-gil-men-te

- When the stressed syllable is the last one, the word is called 'aguda'. It will be written with a graphic accent any time it ends with the letters **n**, **s** or any **vowel**.
- When the stressed syllable is one before the last one, the word is called 'grave'. It will be written with a graphic accent any time it ends with any **consonant**, except *n* or *s*.
- When the stressed syllable is two before the last one, the word is called 'esdrújula'. Those are always written with an accent.
- When the stressed syllable is three or more before the last one, the word is called 'sobreesdrújula'. Those are always written with an accent as well.

Capital Letters

Spanish: **Mayúsculas**

During your evaluation, you may find almost identical answers, the only difference being the right usage of Capital Letters. The following are the main rules:

- The first letter in any text
- The first letter in any paragraph
- After a period: *Mañana hará frío. No tengo abrigos.*
- After exclamation and question marks: *¡Viva México!*
- Names and Surnames: *John Smith, María Martínez*
- Roman Numerals: *El Papa Juan Pablo II, Siglo XXI*
- Titles or Divine Attributes: *Los Reyes de España, El Mesías, Director, Ministro*
- Historic times: *La Revolución Francesa*
- Toponymy: *El Amazonas, La Cordillera Central*
- Article as part of the name: *Viña del Mar*
- Abbreviations: *Sr. Juan, S.A. (Sociedad Anónima)*
- Organizations, Institutions: *Gobierno Nacional, Universidad Nacional Autónoma de México*
- Titles of books, movies, masterpieces, art: *La Mona Lisa, Shrek, Harry Potter*
- Acronyms: *ONU, UNESCO, URSS, UAE, BMW*
- **NO CAPITAL LETTERS ON:** days of the week, months and seasons: *lunes, verano, agosto.*

Therefore, if you find the following options, which one do you think is the best answer?

(A) El Sr. Ramón compró un auto BMW en agosto.

(B) el sr. ramón compró un auto bmw en agosto.

(C) El Sr. Ramón compró un auto BMW en Agosto.

(D) El sr. Ramón compró un auto Bmw en Agosto.

**The correct answer will be A. Since we know abbreviations, names and acronyms are written in Capital Letters but months.

Grammatical Gender

Nouns, articles, adjectives, participles and pronouns in Spanish can be masculine or feminine. This characteristic is called: *Grammatical Gender.*

**Rule of thumb: *words ending in—a are feminine, words ending in—o are masculine, usually; not always.*

Spanish: **Género: Femenino, Masculino.**

Verbs and adverbs are lack of gender, except for the participle forms and some other elements that are neutral.

We can find:

- Common nouns with the same form for both genders, "generic": *el/ la psiquiatra, el/ la pianista, el/ la, concertista, un/ una professional . . . Ramona es una pianista excepcional, Lauro es un pianista excepcional, Tengo cita con la psiquiatra, Tengo cita con el psiquiatra . . .*
- Epicene Nouns or **Sustantivos Epicenos** (Spanish). They just have only one form.
- There are masculine epicene nouns: *el/ un personaje, el/ un tiburón, el/ un lince . . .* There is no feminine for these nouns, though.
- There are feminine epicene nouns: *la/ una persona, la/ una hormiga, la/ una víctima, la gente, la razón, la leche, la pirámide . . .* There is no masculine for these nouns.

Examples:

"Se encontraron un tiburón cerca de la playa"

"Había muchas hormigas en el jardín"

- There are masculine forms that indicate a collective where both, masculine and feminine, are represented.

"El hombre Neanderthal vivía en cavernas".
Making reference to both genders where the Neanderthal women is included.

"Los alumnos de Secundaria han cambiado sus hábitos"
The last sentence is talking about students, both women and men.

However, for political purposes, is becoming more common to indicate both genders, which is grammatically acceptable as well.

In past years, it was common to hear Presidents say during their speeches: *"Queridos mexicanos y niños . . ."*

Now they refer to population as: *"Queridos mexicanos y mexicanas, niños y niñas . . ."*

Both forms are very acceptable. The first one indicates both genders, even though is in masculine form, while the second one actually indicates both genders, literally.

Words working indistinctively for both genders:

- Words ending in -e, -i or -u; *el/ la gurú, el/ la saltimbanqui, el/ la comerciante, el/ la dibujante, Yo soy Yaqui nativo(a) . . .*
- Words ending in -ar or -er; *el/ la auxiliar, el/ la militar, el/ la chofer, el/ la bachiller . . .*
- Words ending in -l or -z; *el/ la cónsul, el/ la portavoz, el/ la juez, el/ la capataz, el/ la corresponsal . . .*
- Al military and naval ranges: *el/ la cabo, el/ la capitán, el/ la sobrecargo, el/ la coronel . . .*

Masculine Words:

- Most of the words ending in -o, -or. Also, some other words ending in -a or -e; *el tabaco, el cuaderno, el estudio, un año, un tenedor, unos muchachos . . .*
- Words ending in -aje or -an: *el coraje, el espionaje, el capitán . . .*
- Rivers, mountains, isthmus and canals: *el Amazonas, el Nilo, el Tigris, el Everest . . .*
- Months and days of the week: *fue un agosto caluroso, yo nací en un diciembre frío.*
- Musical notes: *el fa bemol, el sol va más agudo, necesitas afinar el la.*
- Aumentatives ending in -on, even if they come from a feminine word: *no sabes el notición que te voy a dar.*
- Cardinal points: *el norte, el este, el oeste, el sur, el norponiente, el noroeste, el ocaso, el oriente . . .*
- Numbers: *el seis, el siete, el 48, el 54 . . .*
- Colors: *el azul, el amarillo, el rosa . . .*

Feminine Words:

- Most of the words ending in -a. Also, some other words ending in -o or -e; la boda, la barriga, la taza, la sastre . . .
- Words ending in -dad, -tad and -ed: *la libertad, la mitad, la pared, la lealtad . . .*
- Nouns ending in -ción, -sión, -zón, -dez and -iz: *la decisión, la razón, la incisión, la honradez . . .* (with some exceptions as *el corazón*) . . .
- Name of diseases ending in -tis: *la colitis, la gastritis, la artritis . . .*
- Letters: *la o, la hace, la y griega*
- Most nouns have their form in feminine, as for professions: *el arquitecto—la arquitecta, el licenciado—la licenciada.* These wasn't acceptable some years ago, as it became more common for women to develop a profession, these are now the correct terms, now culturally and politically correct and accepted.

Some words have a different meaning or refer to different objects, situations or subjects depending on their gender, most common ambiguous words on examinations are:

el radio: refers to the device.
la radio: refers to a broadcaster company.

el policía: refers to the police officer.
la policía: refers to the police system.

**If you want to refer to a women that is a police officer, you must say: *la mujer policía or la oficial de policía.*

el cura: priest
la cura: the cure (disease)

el Papa: Pope
el papá: dad
la papa: potatoe

manzana: apple
manzano: apple tree

How am I supposed to know/remember all this during my examination?

Easy. Your best resource will be context. As well as other useful hints on correct usage of grammar forms.

For example: If we have a sentence on the test like this one:
"El Papa le dió la bendición a mi papá"

We know the first *'El Papa'* refers to the Pope, because is written in Capital Letters (see The Capital Letters section for review about this topic) and the second one, *"mi papá'* refers to my dad, because it has a grammatical accent (see The Rules for Stress in Spanish section for more about this topic). If we go further, the noun *'bendición'* refers to blessing, which is coherent with the word Pope.

Numbers

It's a category within grammatical morphology indicating plural or singular.

Singular: Refers to a single element; just one.
Plural: Refers to several elements; two or more.

Spanish: **Número: Singular, Plural.**

1. **Nouns** and **Adjectives** use the suffix -s or -es (in Spanish), denoting **plural**.

   Words ending in -l, -n, -r, -d, -z, -y goes with the suffix -es, whenever they are in the plural form.

   *Azul – azul***es**
   *Ojo – ojo***s**
   *Ojo azul – ojo***s** *azul***es**
   *Agua – agua***s**
   *Limpia –limpi***as**
   *Agua limpia – agu***as** *limpi***a**
   *Camión – camion***es**
   *Tenedor – tenedor***es**
   *Camión grande – camion***es** *grand***es**
   *Tenedor filoso – tenedr***es** *filos***os**

2. Words ending in -z change to -ces when written in its plural form:

   la voz – las voces
   el lápiz – los lápices
   una vez – unas veces

3. **Pronouns** and **verbs** have their own forms in **plural**.

   Lo – los
   Canta – cantan
   Usted – ustedes
   Quehacer – quehaceres

4. Not all nouns come in both singular and plural.

   Some have no plural form. They are called: **Singularia Tántum**.

   - Collectives:
     gente
     la gente – correct
     las gentes – incorrect

     la población
     el público
     la policía
     el ejército
   - Abstract names:
     la sed
     el hambre
     el descanso
     la fe
     la pereza
   - Cardinal Points
     Norte
     Nortes – incorrect
     Sur
     Sures – incorrect

5. On the other hand, some others are written in 'plural' for both, the singular and plural form. The **number** will be indicated by the **article**.

   This form is called: ***Pluralia tántum***.

   El Lunes me tengo que levantar a las 8 am.
   Los Lunes me tengo que levantar a las 8 am.

   ¡Está lloviendo, tráete un paraguas!
   ¡Está lloviendo, tráete los paraguas!

   el paréntesis – los paréntesis
   el viernes – los viernes (this apply for all days of the week)
   el virus – los virus
   el cumpleaños – los cumpleaños
   la crisis – las crisis
   el bíceps – los bíceps

Articles

Spanish: **Artículos**

Articles link; articulate the words within a sentence.

It's the element within a sentence that goes before a subject to indicate its gender and/or number:

La maestra es muy buena.
Translation: *The teacher is good.*

In the example above the article *'La'* indicates the subject is feminine and singular. It also goes on capital letters since it's the first letter of the sentence.

The gender and number of the subject will always determine the article.

On the following chart you can see the different types of articles:

TYPE	DESCRIPTION	ARTICLES	EXAMPLES
Determined	Known subject	**Femine, Singular:** la **Femine, Plural:** las **Masculine, Singular:** el **Masculine, Plural:** los **Neutral, Singular:** lo	la tormenta, las mariposas el niño, los libros, lo mejor
Undetermined	Unknown subject	**Femine, Singular:** una **Femine, Plural:** unas **Masculine, Singular:** un, uno **Masculine, Plural:** unos	una bandera, unas estatuas un centavo, uno porciento, unos dulces,
Contracted	Union from the article "el" and the prepositions "a" and "de"	Neutral, Singular: al, del	Bailar **al** son de la música, Este lápiz de **del** señor

Cacophony (Cacofonía): is the unpleasant sound resulting from the union of two vowels. That's why we don´t say *"la agua"*. We know *'agua'* is feminine, since it starts with the letter *a* it sounds better if we say *"el agua"*. Avoiding this unpleasant sound called cacophony (English) or cacofonía (Spanish).

Another example: *el águila, el área, el hada, el hambre, el hacha.*

Plural forms remain as normal: *las águilas, las áreas, las hadas, las hachas.* **hambre* is already a collective form.

Therefore, if we have the following options during our examination, which do you choose?

(A) La maestra nos dijo que el ave llamada Águila Imperial se puede observar al atardecer.

(B) Las maestra nos dijo que la ave llamada Águila Imperial se puede observar a el atardecer.

(C) Una maestra nos dijo que el ave llamada Águila Imperial se puede observar al atardecer.

(D) La maestra nos dijo que el ave llamado Águila Imperial se puede observar al atardecer.

**The correct answers are A and C, since we have all correct forms of articles written. In B the form "*a el*" must be contracted to "*al*", while on D, even though we have the article "*el*", we know beforehand that the subject "*ave*" is feminine; that's why the verb must be feminine as well, the form "*llamado*" being incorrect.

On the other hand, the difference between determined and undetermined verbs relies on the fact that undetermined articles are general and vague.

Example:

John's mom is concerned about her son's health; she always tries to make him eat fruits. Yesterday she left an apple on the kitchen table for him to eat today in the morning; she told him in advance she would do so.

Today when she reminded him about it, what do you think she said?

"John, cómete la manzana".
John, cómete una manzana".

The best form is the first one *"John, cómete la manzana".*

Why? Because that apple particularly, is something already known for John. He knows the apple his mom is talking about.

Determined articles must be used for specific subjects. Therefore, if we say "Unos niños hablan Español", since we don't know which kids specifically, we must be speaking generally at this point.

If we say "Los niños hablan Español", we know pretty well or have an idea to which kids we are referring. Otherwise, the sentence must be complemented "Los niños en *Argentina hablan Español*".

Neuter Article: *Lo*
Its form comes exclusively in singular.

Following are the rules for its usage:

- *Lo* + adjective: *Lo bueno de esta experiencia, son los amigos que hice.*
- *Lo* + adverb: *Lo escencialmente importante es hacer ejercicio.*
- *Lo* + de: *Lo de ayer fue un mal entendido*
- *Lo* + adjective/adverb + *que: Lo que tú quieres es quedarte con mi dinero.*

In Spanish there's a noun form called ***Sujeto Tácito***. It refers to a sentence in which the noun appears implied. The article 'lo' usually takes the part of that noun implied.

Example:

Jessica used to have a lot of money. She went gambling one day and lost it all. Yesterday she told this anecdote to a friend. She said:

"Lo perdí todo"
Translation: *I lost it all.*

We know she is talking about money and the article *lo* indicates that.

Nouns

Spanish: **Sustantivos**

Nouns are the words that we use to name people, animals, objects, plants, strengths, weaknesses, phenomena, places, rivers, cities, space, time, etc.

Examples:

People: *José, María, Constance, Rafael, Gerardo . . .*
Animals: *vaca, leopardo, jaguar, pantera, perro, gato, pez . . .*
Objects: *mesa, cuaderno, lápiz . . .*
Plants: *zanahoria, manzana, manzano, cedro, papa, pino, rosal . . .*
Strengths and weaknesses: *bondad, belleza, torpeza, fiereza . . .*
Phenomenon: *combustión, tornado, germinación, purificación . . .*

Places, Rivers, Cities, Space, Time, etc. . . ., *plaza, jardín, altura, longitud, hora, dia, año, Nazas, Amazonas, Mohawk, Yaki, Maya, Azteca, La Pampa, Cádiz, Volga, verano, Lake Buena Vista, Kissimmee . . .*

Like other elements of grammar, nouns are classified in different types according to their meaning and what they indicate. The following chart shows the different types of nouns in Spanish, their description and examples.

NAME	NOMBRE	DEFINITION	EXAMPLE
Proper Nouns	***Sustantivos Propios***	These nouns are used to name people, cities, newspapers, movie theaters, schools, continents, stars, etc . . . so we can identify each from the rest. The first letter is a Capital.	*María Carlota de Habsburgo, Benito Juárez, Sierra Leone, Iguazú, Bellas Artes . . .*
Common Nouns	***Sustantivos Comunes***	Nouns that are in lower case. These are words that are use to name a lot of people, animals or objects from the same species.	*hombre, flores, nubes, gato, amor . . .*

NAME	NOMBRE	DEFINITION	EXAMPLE
Individual Nouns	***Sustantivos Individuales***	Nouns that are used to name persons: Names and Surnames. First letter is a Capital.	*Sofía Martínez, Ana Hernández, Diego López . . .*
Particular Nouns	***Sustantivos Concretos***	Nouns that refer to any tangible, material being such as people, animals and objects.	*mesa, película, camión, clavel . . .*
Abstract Nouns	***Sustantivos Abstractos***	Nouns that refer to intangible phenomena, as well as qualities and intangible characteristics of people and situations.	*germinación, mezcla, combinación, digestión, vanlentía, belleza, sabiduría . . .*
Collective Nouns	***Sustantivos Colectivos***	Nouns that express plural, although they're written in singular.	*batallón, arboleda, gentío, docena, millar . . .*
Determined Collective Nouns	***Sustantivos Determinados***	Nouns that are precise with the number of elements/beings they refer to.	*Compré una docena de huevos, bimestre, trimestre,bienal, centuria . . .*
Undetermined Collective Nouns	***Sustantivos Indeterminados***	Nouns that are not precise with the number of elements they refer to.	*parvada, ejército, enjambre, caballada . . .*
Partitive Nouns	***Sustantivos Partitivos***	Nouns that refer to a part of a whole.	*mitad, Quinto, milésimo . . .*
Nouns of Quantity	***Sustantivos Múltiplos***	Nouns that express an amount or quantity.	*duplo, décuplo, céntuplo . . .*
Simple Nouns	***Sustantivos Simples***	Nouns that are formed by a single word.	*sol, agua, rayo . . .*
Compound Nouns	***Sustantivos Compuestos***	Nouns that are formed by a simple word and a particle.	*antepecho (ante + pecho), superhombre (súper + hombre)*
Juxtaposed Nouns	***Sustantivos Yuxtapuestos***	Nouns that are formed by two words (2 nouns, 2 adjectives, 1 verb + 1 noun, 1 noun + 1 adjective . . .).	*agridulce (agrio + dulce), correcaminos (corre + caminos) pelirrojo (pelo+rojo) . . .*

NAME	NOMBRE	DEFINITION	EXAMPLE
Primitive Nouns	***Sustantivos Primitivos***	Nouns that are 'primitive'; they don't have their origin in any other words. They are their own base.	*árbol, mesa, lápiz, casa, libro . . .*
Derivative Nouns	***Sustantivos Derivados***	Nouns that come from another word; from a primitive word.	*Primitive: árbol Derivatives: arboleda, arbolito, Primitive: mesa Derivatives: mesero, mesita, mesota . . .*
Augmentative Nouns	***Sustantivos Aumentativos***	Nouns that refer to persons, animals, objects or other beings of bigger size.	*casa: casota libro: librote*
Diminutive Nouns	***Sustantivos Diminutivos***	Nouns that refer to persons, animals, objects or other beings of smaller size.	*casa: casita libro: librito*
Derogatory Nouns	***Sustantivos Despectivos***	Nouns that express contempt.	*Casucha, librillo, gentuza, mujerzuela, camastro . . .*
Patronymic Nouns	***Sustantivos Patronímicos***	Nouns/names derived from the father. A lot of surnames in Spanish are derived from the father's name.	*Name: Fernando Patronymic: Fernández, Ferriz, Ferraz, Ferrant . . .*
Verbal Derivatives	***Derivados Verbales***	Nouns derived from a verb.	*Verb: pintar Patronymic: pintor*
Ideological Diminutive Nouns	***Diminutivos Ideológicos***	Nouns that are not derived grammatically.	*ballena: ballenato vaca: becerro caballo: potro*

Adjectives

Spanish: **Adjetivos**

Adjectives modify nouns or attribute certain characteristics to them.

Example:

La casa es antigua. Translation: The house is old.

La niña tiene los ojos grandes. Translation: The girl has big eyes

Imagine a flower (una flor), a cow (una vaca) and a book (un libro). What adjectives might be used to describe them?

La flor (The flower could be	roja, chica, grande, bella
Una vaca (The cow, could be)	floja, blanca, amorosa, loca
Un libro (The book, could be)	largo, pesado, azul, bellísimo

The word *flower* refers to all flowers in the world; when we say *the red flower* we are talking about a specific flower. In Spanish *'la flor'; 'la flor roja'.* We are describing a certain flower, talking about a characteristic of it. Adjectives are words that help us describe objects, animals, persons, situations, moments, etc.

Adjectives agree in **gender** and **number** with the **noun** modified, ending in their respective feminine, masculine, singular or plural form.

*niñ**a** bonit**a** – niñ**as** bonit**as***

*niñ**o** bonit**o** – niñ**os** bonit**os***

*cuba**no** trabajad**or** – cubanos trabajado**res***

*cuba**na** trabajado**ra** – cubanas trabajador**as***

To identify an adjective we must ask the 'how' question over the noun:

Sentence: *El sol es brillante. The sun is bright.*

Question: ¿Cómo es el sol? How is the sun?

Answer: *brillante. Bright.*

Adjectives are classified in two ways:

1. **Qualitative (Calificativos):** Express qualities or characteristics of the noun within a sentence: *manzana dulce, perro grande, árbol bello . . .*
   - These characteristics can be abstract: *persona feliz*, or tangible: *caballo blanco*,
   - They can be **specific** about an attribute that makes the noun different from the rest: *Él es un atleta veloz. La sandía está jugosa.*
   - They can describe an **intrinsic characteristic** of the noun, usually occurring before it: *Blanca nieve, Aquel fue un frío invierno.*

   - **Qualitative Adjectives are Classified in:**
     - **Primitive:** *fea*
     - **Derivatives:** *feíta, feota*
     - **Augmentative:** *feota*
     - **Diminutives:** *feíta*
     - **Derogatory:** *feucha*
     - **Simple:** *fea*
     - **Compound:** *refea*
     - **Juxtaposed:** *roji-negra*
     - **Verbal:** *temible*
     - **Gentilicios:** *americano, española, mexicano, peruano, boliviana, cubana, barranquillera, norteño, sureño . . .*

2. **Determinative (Determinativos):** These adjectives introduce and explain the noun within a sentence: *algunos amigos, siete días.* Determinative Adjectives do not qualify but determine, indicate the person, animal or object the refer to: *cinco pesos, alguna vaca.* These are divided into:

   - **Numerals**
     - **Cardinal:** refer to the number; *trece vacas, catorce días . . .*
     - **Ordinal:** quote the order: *segundo hijo, tercer lugar . . .*
     - **Partitives:** refer to the part of a whole: *media naranja, un cuarto de kilo . . .*
     - **Multiple:** indicate how many times a quantity contains another: *gasto el doble que antes, triple decímetro . . .*

- **Demonstratives:** They **indicate, point, mark** the person or object they refer to: *aquel perro me mordió, ¿De quién es este sombrero? . . .*

MASCULINE	FEMININE
Singular: **este, ese, aquel**	Singular: **esta, esa, aquella**
Plural: **estos, esos, aquellos**	Plural: **estas, esas, aquellas**

- **Possessive:** indicate the owner of the object, person, animal or being they refer to; *mis tios, tus zapatillas de ballet . . .*

  List of Possessive Adjectives (5): *mío, tuyo, suyo, nuestro, vuestro;* **Singular:** *mi, tu, su;* **Plural:** *mis, tus, sus . . .*

- **Indefinite: don't refer** to any noun **in particular**, they are **vague** and **general**: *muchos años atrás, varios alumnos no asistieron a la escuela.*

  List of Indefinite Adjectives: *muchos, pocos, algunos, varios, otros, cualquiera, cierto, cada, tamaño, ninguno, uno, cuanto, los demás, las demás, ajeno, mismo, propio, tal, cual, tanto, cuanto, bastante, harto, demasiado.*

There are different categories of adjectives:

- **Positive:** Indicates the noun attribute: *Gato* ***negro***. In an absolute way, without comparison.
- **Comparative:** Indicate the noun attribute compared to other noun: *Carlos es* ***más alto*** *que Javier.*
- **Superlative:** Indicats the noun attribute in its highest level: *Carlos es* ***el más alto*** *de todos/Carlos es* ***altísimo***.

Verbs

Spanish: **Verbos**

Verbs are the words that help express existence, action or state of being, usually indicating time and person.

They can be classified according to their: ***conjugation, meaning*** and ***structure***.

Verbs Classified According to Conjugation

- **Regular.** These are verbs that do not change their base form whenever they are conjugated: *amar, comer, vivir . . . amado, amas, amamos . . .*
- **Irregular.** These verbs change their ending whenever they are conjugated: *soy, seré, sido . . . voy, vas, van . . .*
- **Defective.** These verbs are conjugated only in some tenses with some grammatical persons: *soler, suelen, solían . . .*
- **Impersonal.** These are conjugated only in 3rd person, singular (they usually refer to a natural phenomenon): *llueve mucho, amaneció nublado, anochece tarde en verano . . .*

Verbs Classification According to their Meaning

- **Transitive.** Express a 'transmissible' action from the subject to another object named *direct object; Yo como verduras = Las verduras son comidas por mi.*
    - **Transitive Verbs:**

ablandar	*escribir*	*vender*
comer	*zurcir*	*pintar*
tener	*barrer*	*teñir*
temer	*brincar*	*quemar*
defender	*cortar*	*tachar*
abrir	*venerar*	*enseñar*
romper	*besar*	*premiar*
coser	*conocer*	*acusar*

- If there's no *direct object* in the sentence, then the verb becomes **intransitive**.
    - Some verbs are impossible to have a *direct object.* They are usually divided into 3 categories:
    - Verbs meaning **existence**: *vivir, ser, existir, haber; 'Hubo sesión en el Congreso'.*
    - Verbs meaning **state of being**: *estar, crecer, diminuir, distar . . .; 'Los árboles crecen'.*
    - Verbs referring to actions unable to be performed by subjects: *nacer, morir, salir, andar, llorar, acontecer . . .; '¿Estás llorando?'*

Would be incoherent to say: *'Llorado estás'*

- **Intransitive Verbs:**

gritar	*crecer*	*luchar*
gemir	*descansar*	*relumbrar*
titubear	*hablar*	*cortar*
perecer	*vivir*	*delirar*
reír	*abusar*	
palidecer	*temblar*	

- **Copulative.** Copulative verbs do not have a full meaning, they link different parts within a sentence as the subject with the rest of the statement.

  The main **Copulative verbs** are: *ser* and *estar.*
  'Mi papá es médico', 'Las personas están molestas'.

- **Reflexive.** These verbs refer to an action performed by the subject itself: *'Te miras en el espejo demasiado', 'Se esfuerza poco'.*

  Reflexive Verbs must be accompanied by the pronouns: *me, te, se, nos, os.*

- **Reciprocal.** These verbs refer to a mutual exchange of action. Reciprocal verbs are always expressed in plural; there must be two subjects so they can have their proper grammatical functionality.
  'Los lobos se amenazaron con gruñidos'
  'Los animales de la misma especie se reconocen entre sí'.

Reciprocal Verbs are always accompanied by the following pronouns: *se, nos, os.*

- **Auxiliary.** Auxiliary verbs partially or totally lose their meaning to accompany a verb and help build compound tenses. This applies to all verbs. The main **auxiliary verbs** are: *haber, ser, ir* and *estar.*
  'Han pintado las paredes de azul'
  'Nosotros hubiéramos ido al circo'
  'Elena va a ir con el estilista'.
  'Cesáreo fue perdonado'

Verb Classified According to Meaning

- **Primitive.** Primitive verbs do not derive from another word: *hablar, cantar, silbar, mirar, volar . . .*
- **Derivatives.** Derivative verbs derive from another word; *habladurías = hablar,*

  cántico, cantante = cantar,
  silbato, silbido = silbar,
  mirador, mirón = mirar,
  vuelo, volador = volar . . .
- **Simple:** conformed by one word; **simple verbs** can coincide with **primitive verbs**; *lavar, ver, escribir, morir . . .*
- **Compound:** conformed by two words:

  Malcriar = mal + criar
  Maniobrar = mano + obrar
  Menospreciar = menos + apreciar
  Sobrentender = sobre + entender
- **Prepositive:** accompanied by a preposition:

  'El artículo consta de tres páginas'
  'Piensa en los demás'
  Carmela soñaba con un mundo mejor' . . .

Adverbs

Spanish: **Adverbios**

Adverbs complement **verbs, adjectives** and other **adverbs.**

- Adverbs complement **Verbs**: Ella *habla* ***rápido***.
- Adverbs complement **Adjectives**: *El discurso es* ***muy*** *interesante*.
- Adverbs complement other **Adverbs**: *La escuela está* ***aquí cerca***.

Gender and **Number** are invariable.

Mariano estudia mucho.
Ana estudia mucho.
Laura y María estudian mucho.

According to their meaning, adverbs are classified in different types:

Place (Lugar)	*Ahí, allí, aquí, acá, delante, detrás, arriba, abajo, cerca, lejos, encima.*	*Tus libros están aquí.*
Time (Tiempo)	*Ya, aún, hoy, temprano, tarde, pronto, todavía, ayer, nunca, siempre, jamás, ahora.*	*Juan no ha llegado aún.*
Mode (Modo)	*Mal, bien, regular, deprisa, despacio, mejor, peor, igual, similar, fácilmente, difícilmente, así, naturalmente . . .*	*La comida de Susana es mejor.*
Negation (Negación)	*No, tampoco, negativamente, nunca, jamás.*	*Yo nunca he estado en Bogotá.*
Affirmation (Afirmación)	*Si, también, verdaderamente, efectivamente.*	*Gerardo estudia efectivamente.*
Doubt (Duda)	*Acaso, quizás, igual.*	*Armando quizá vaya a La Plata.*
Desire (Deseo)	*Ojalá*	*¡Ojalá lloviera mañana!*
Quantity or level (Cantidad o nivel)	*Demasiado, bastante suficiente, algo, mucho, poco, casi, tanto . . .*	*Luis comió bastante.*
Inclusion or exclusion (Inclusión o exclusión)	*Excepto, inclusive, exclusive, salvo, menos . . .*	*Todos escucharon el sonido excepto yo.*
Opposition (oposición)	*Sin embargo, no obstante . . .*	*Leonardo no ve television desde hace un año, sin embargo, ayer la encendió.*
Order (orden)	*Primero, luego . . .*	*Nosotros siempre tomamos un descanso, luego continuamos trabajando.*
Ending with suffix *-mente* (Terminación *-mente*)	*Previamente, esencialmente, mentalmente . . .*	*Ella escribe lentamente.*

A good way to identify an adverb within a sentence is to ask the "how" question regarding the verb. For example:

Sentence: *Amanda corre velozmente todos los días. (Amanda run fast every day).*
Verb: *corre. (Run).*

Question: *¿Cómo corre Amanda? (How does Amanda run?)*
Answer (Adverb): *velozmente. (fast).*

Prepositions

Spanish: **Preposiciones**

Prepositions are the link between nouns, adjectives, verbs and adverbs.

a	***ante***	***bajo***	***cabe***	***con***	***contra***	***de***	***dese***	***en***	***entre***	***excepto***
hacia	*hasta*	*para*	*por*	*salvo*	*según*	*sin*	*so*	*sobre*	*tras*	

Examples:

Árbol ***sin*** *hojas.* (Noun + Noun).
Casa ***de*** *madera.* (Noun + Noun).
Suave ***para*** *mi paladar.* (Adjective + Noun).
Lejos ***de*** *Honduras.* (Adverb + Noun).
Voy ***a*** *La Plata.* (Verb + Noun)

Meaning

A: Direction. *Voy* ***a*** *la plata. Time:* ***a*** *tres días de visita.*
Ante: In front of. *Se hincó* ***ante*** *él.*
Cabe: Next to. *Estoy descansando* ***cabe*** *la orilla del río.* **Its usage is not common.
Con: With. *Voy* ***con*** *Antonio.*
Contra: Against, in front. *Tu casa está* ***contra*** *la del Sr. Armando.*
De: Means possession. *Casita* ***de*** *madera.*
Desde: Means from the beginning of time, place and/or number. ***Desde*** *el Sur de California . . .* ***Desde*** *las 3 de la mañana . . .*
En: Place. *Nací* ***en*** *Madrid.*
Entre: Interposition, in between. *Me pones* ***entre*** *la espada y la pared.* **Popular saying
Hasta: Means 'till the limit, end'. *No dormiré* ***hasta*** *que amanezca.*
Para: Means something intended for a reason or use. *Esta es una silla* ***para*** *montar.*
Por: By, For. *Lucho* ***por*** *mis ideales.*

Sin: Without. *Vida* ***sin*** *salud.*

So: Under. ***So*** *pena de muerte, so pretexto.* **Its usage is not common anymore.

Sobre: In, above, onto, on top of. *Dejé la lámpara* ***sobre*** *la mesa.*

Prepositional Phrases

Acerca de, tocante a, contra la voluntad de, al cabo de, detrás de, al alcance de, al fin de, además de, fuera de, a pesar de, por causa de.

**During your examination you may encounter a question as the following:

Selecciona la mejor respuesta que complete la oración.

Anita fue al concierto _____________ *su mamá no le dio permiso.*

(A) *de*

(B) *con*

(C) *a pesar de*

(D) *contra*

*Correct Answer: C

Conjunctions

Spanish: **Conjunciones**

Conjunctions are words that **link** two words of the same kind. Let's say noun + noun, adjective + adjective, verb + verb, adverb + adverb or two sentences.

Examples:

Andrea y Javier. (Noun + Noun).

Ella es tímida y seria. (adjective + adjective).

Brincar y correr. (verb + verb).

Ahora o nunca. (adverb + adverb).

Classification

Copulative	*y, e, ni, que*
Disyuntiva	*u, o, ora, ya, bien*
Adversative	*mas, pero, cuando, aunque, sino, obstante, a pesar de, antes bien*
Conditional	*si, como, con tal que, siempre que*
Casual	*porque, pues, puesto que, supuesto que*
Comparative	*así, así como, lo mismo, del mismo modo*
Continuative	*así que, así es que, además de, pues*
Inferential	*aunque, luego, pues, por tanto*
Eventual	*porque, para que, a fin de que*

Conjunctive Phrases

Afin de que, ahora si que, a no ser que, a medida que, antes que, con tal que, en vista de que, después que, así es que, por lo mismo que, siempre que, si no fuera por, por

Pronouns

Spanish: **Pronombres**

We call **pronouns** the words referring to first, second or third person; themselves, their actions, belongings or situations they are in. Pronouns are classified in **Subject Pronouns, Demonstrative, Possessive, Indefinite and Relative Pronouns.**

Subject Pronouns

Spanish: **Pronombres Personales**

Subject Pronouns: *yo, tú, él, ella, nosotros, nosotras, vosotros, vosotras, ustedes, ellos, ellas.*

In Spanish, the subject (1st, 2nd, or 3rd in both singular and plural forms) is grammatically correct and accepted to refer to all beings and non-living beings.

Therefore, animals, plants, angels, abstract forms, rocks and people: everything existing within this universe and beyond are expressed as grammatical subjects within sentences.

There are 3 basic grammatical subjects:

First: *yo*. **The person who is talking.**
Second: *tú*. **The person who is being talked to.**
Third: *él*. **The person whose being talking about.**

These same **subject pronouns** have their respective **plural form** as well as **feminine form**. In the case of the **third person** there's a **neuter form**, too.

PERSON	SINGULAR			PLURAL		
	FEMININE	MASCULINE	NEUTER	FEMININE	MASCULINE	NEUTER
FIRST	*yo*	*yo*		*Nosotras* *Vosotras*	*Nosotras* *Vosotras*	
SECOND	*tú*	*tú*		*Ustedes*	*Ustedes*	
THIRD	*ella*	*él*	*ello*	*Ellas*	*Ellos*	*Ellos*

Notwithstanding the rest of the elements within a sentence, **pronouns** are modified to fit with the meaning of the idea to express. There are 4 different types of modifications:

- **Nominative:** The pronoun works as the subject: "***Yo** tengo una paleta*".
- **Direct:** The pronoun works directly along with the verb: "*No **me** estás escuchando*".
- **Indirect:** The pronouns works indirectly along with the verb: "*Debes escuchar**me***".
- **Terminus:** The pronoun works along with a preposition: "*Hazlo por **ti***".

The following charts show the different modifications pronouns might have in accordance with the sentence and its meaning.

1st Person

	SINGULAR	PLURAL
nominative	***Yo***	***Nosotros, Nosotras***
examples	*Yo tengo un diplomado en danza.*	
	Nosotros estudiamos arte.	
DIRECT	***Me***	***Nos***
examples	*Me gradué de Bellas Artes.*	
	Nos graduamos del Conservatorio de Música.	
INDIRECT	***Me, Mí***	***Nos***
examples	*Quisiera graduarme de la escuela de Ballet.*	
	El Arte nos enseña a liberar el alma.	
TERMINUS	***Mí***	***Nosotros, Nosotras, Nos***
examples	*Me debieron de haber avisado a mí y no a mi mamá.*	
	Ellos aprendieron de nosotros.	

2nd Person

	SINGULAR	PLURAL
nominative	***Tú***	***Vosotros, Vosotras, Vos***
examples	*Tú tienes el poder en tus manos.*	
	Vos tienen que ir a votar.	
DIRECT	***Os***	***Nos***
examples	*Quien te ama, te dirá la verdad.*	
	Os ruego me perdonéis.	
INDIRECT	***Te, Ti***	***Os***
examples	*Te eligieron a ti.*	
	Ya os lo he dicho.	
TERMINUS	***Ti***	***Vosotros, Vosotras, Vos***
examples	*Debieron de haberte avisado a ti.*	
	Debieron de haber avisado a vosotras.	

3rd Person Feminine

	SINGULAR	PLURAL
nominative	***Ella***	***Ellas***
examples	*Ella es mi mejor amiga.*	
	Ellas van en el colegio con migo.	
DIRECT	***La***	***Las***
examples	*La sentencia se la daré a quien la merece.*	
	Nosotras éramos las que hacíamos ruido.	
INDIRECT	***Le***	***Les***
examples	*No hay porqué temerle a la oscuridad.*	
	Fueron a contarles un cuento a los niños.	
TERMINUS	***Ella***	***Ellas***
examples	*Le acusaron de robo a ella, no a mí.*	
	Teniéndoles a ellas para ayudarte ¿Por qué acudes a mí?	

3rd Person Masculine

	SINGULAR	PLURAL
nominative	***Él***	***Ellos***
examples	*Él tiene la llave de mi departamento.*	
	Ellos estudian francés.	
DIRECT	***Le, Lo***	***Los***
examples	*El señor le mandó decir que le guardase su portafolio.*	
	Tuve que pagarles a los que les debía dinero.	
INDIRECT	***Le***	***Les***
examples	*La maestra mandó decirle que le mandara la tarea.*	
	Si tan solo hubiese sabido que teniéndoles aprobaría la materia.	
TERMINUS	***Él***	***Ellos***
examples	*El perro se lo dieron a él.*	
	Los puntos extra se los otorgaron a ellos.	

3rd Person Neuter

**During your examination you may go through a question as the following:

	SINGULAR
nominative	***Ello***
example	*Ello se debe hacer con calma.*
DIRECT	***Lo***
example	*Lo que hicieron en el pasado ya no importa.*
INDIRECT	***Lo***
example	*Al fotógrafo hay que mandarlo a tomar las fotos.*
TERMINUS	***Ello***
example	*Yo no sabía qué hacer con ello.*

Completa la siguiente oración:

A __1__ les mandarin un regalo. Nadie sabía __2__ que era. Nosotros pensábamos que quien lo enviaba debía __3__ costado mucho dinero. Al final supimos que el regalo __4__ había encantado.

(A)	(B)	(C)	(D)
Nosotros *lo* *haberle* *las*	*él* *el* *haberles* *los*	*ellos* *lo* *haberle* *les*	*Ustedes* *lo* *haberles* *los*

Correct Answer: C

Demonstrative Pronouns

Spanish: **Pronombres Demostrativos**

Demonstrative Pronouns: *éste, ése, aquél, esta, esa, aquella, estas, esas, aquellas, esto, eso, aquello, estos, esos, aquellos.*

They refer to people or objects already known and/or named. They are commonly used to point out their situation regarding a specific person or object. Demonstrative Pronouns, as the name suggests, demonstrate or 'point' a subject situation or status. They come in the masculine, feminine and neutral form in both singular and plural.

Éste, refers to a being or non-living being close to a subject in 1st person.
Ése, refers to a being or non-living being close to a subject in 2nd person.
Aquél, refers to a being or non-living being far from a subject in either 1st or 2nd person.

The following chart explain the status of each pronoun mentioned above with a few examples of their usage.

MASCULINE SINGULAR

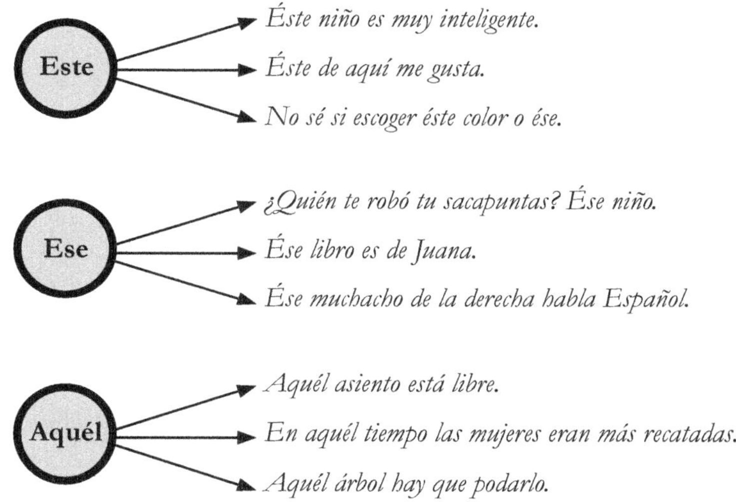

Este
Éste niño es muy inteligente.
Éste de aquí me gusta.
No sé si escoger éste color o ése.
Ese
¿Quién te robó tu sacapuntas? Ése niño.
Ése libro es de Juana.
Ése muchacho de la derecha habla Español.
Aquél
Aquél asiento está libre.
En aquél tiempo las mujeres eran más recatadas.
Aquél árbol hay que podarlo.

MASCULINE PLURAL

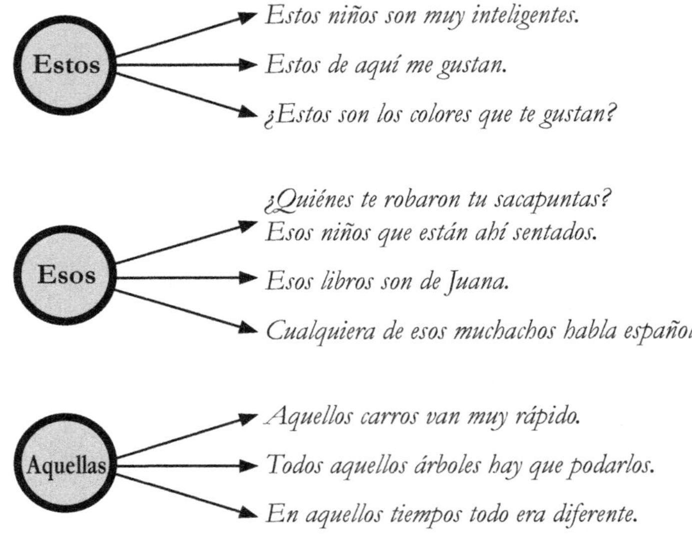

Estos
Estos niños son muy inteligentes.
Estos de aquí me gustan.
¿Estos son los colores que te gustan?
Esos
¿Quiénes te robaron tu sacapuntas?
Esos niños que están ahí sentados.
Esos libros son de Juana.
Cualquiera de esos muchachos habla español.
Aquellas
Aquellos carros van muy rápido.
Todos aquellos árboles hay que podarlos.
En aquellos tiempos todo era diferente.

FEMININE SINGULAR

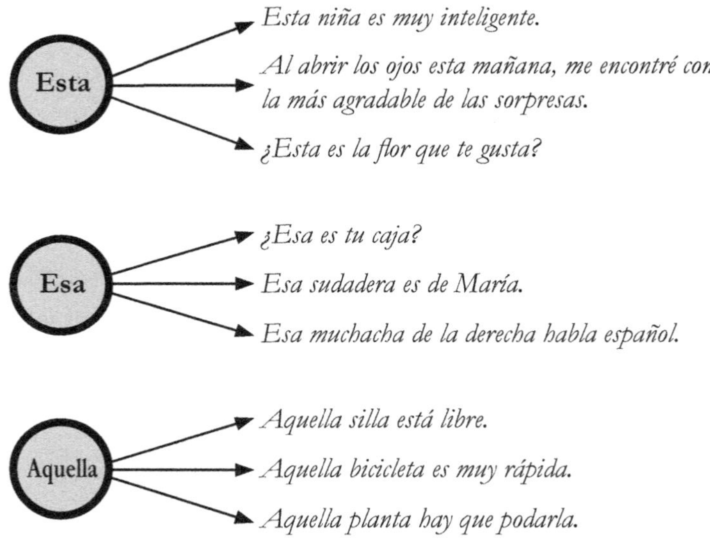

Esta
Esta niña es muy inteligente.
Al abrir los ojos esta mañana, me encontré con la más agradable de las sorpresas.
¿Esta es la flor que te gusta?
Esa
¿Esa es tu caja?
Esa sudadera es de María.
Esa muchacha de la derecha habla español.
Aquella
Aquella silla está libre.
Aquella bicicleta es muy rápida.
Aquella planta hay que podarla.

FEMININE PLURAL

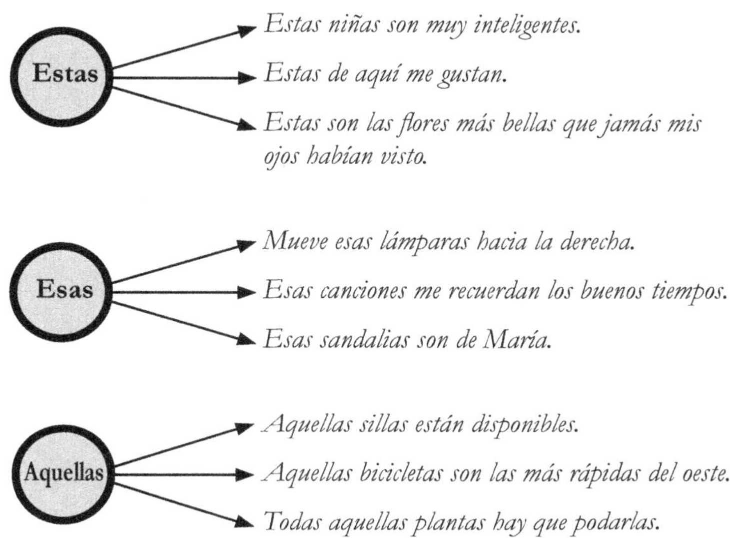

Estas
Estas niñas son muy inteligentes.
Estas de aquí me gustan.
Estas son las flores más bellas que jamás mis ojos habían visto.
Esas
Mueve esas lámparas hacia la derecha.
Esas canciones me recuerdan los buenos tiempos.
Esas sandalias son de María.
Aquellas
Aquellas sillas están disponibles.
Aquellas bicicletas son las más rápidas del oeste.
Todas aquellas plantas hay que podarlas.

NEUTRAL SINGULAR

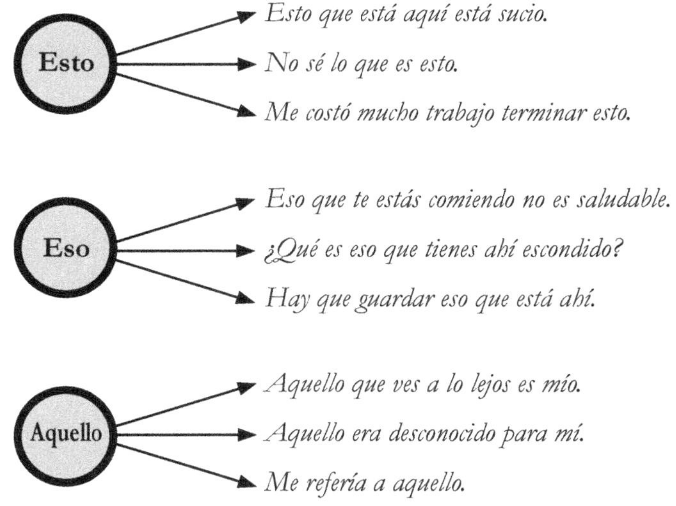

Esto
Esto que está aquí está sucio.
No sé lo que es esto.
Me costó mucho trabajo terminar esto.
Eso
Eso que te estás comiendo no es saludable.
¿Qué es eso que tienes ahí escondido?
Hay que guardar eso que está ahí.
Aquello
Aquello que ves a lo lejos es mío.
Aquello era desconocido para mí.
Me refería a aquello.

NEUTRAL PLURAL

Same as masculine plural form.

Possessive Pronouns

Spanish: **Pronombres Posesivos**

Possesive Pronouns refer a person, object or any other living or non-living being and to whom they belong to. They come in the 3 grammatical persons in feminine, masculine, singular and plural and neuter form.

1st person	*Mío, mía, míos, mías, nuestro, nuestra, nuestros, nuestras.*
2nd person	*Tuyo, tuya, tuyos, tuyas, vuestro, vuestra, vuestros, vuestras.*
3rd person	*Suyo, suya, suyos, suyas.*

Examples:

Este libro es mío.

Yo no sabía que esta computadora era tuya.

Todo lo que sea suyo, devuélveselo.

Indefinite Pronouns

Spanish: **Pronombres Indefinidos**

Indefinite Pronouns refer to people, objects, living or non-living beings, without specifying any details about them. They are not defined.

They come in different forms: affirmative, negative and quantity. Some are pronouns, some others adjectives.

1ST GROUP: Affirmative Meaning

Algo, alguien, alguno; cada uno, cada cual; cualquiera, quienquiera, fulano, zutano, mengano, perengano.

2ND GROUP: Negative Meaning

Nadie, nada, ninguno.

3RD GROUP: Express Quantity or Number

Uno, otro; varios; bastante, harto, mucho, poco; más, menos, cuanto, tanto.
**As said before, these words can work as pronouns or adjectives.

The following will always work as pronouns within sentences:

Alguien, nadie; cada uno; cada cual; quienquiera.

Examples Using Indefinite Pronouns Within Sentences:

Cada cual puede hacer con su vida lo que mejor le plazca.
Yo no me meto con nadie y así, me evito problemas.
No encuentro nada de lo que compré en el viaje.
Hay algo que me atrae de ese chico.
Alguien me dió un golpe en la cabeza y no sé quién fue.
Ninguno de ustedes puede retroceder en la elección que acaban de hacer.
Tú tienes algo que me pertenece.

Relative Pronouns

Spanish: **Pronombres Relativos**

They refer to a subject/noun previously mentioned.

Relative Pronouns are: *que, quien, cuyo, cual, cuanto.*
"La esperanza es la mano misteriosa ***que*** *nos acerca a lo que deseamos".*

In the example above, the noun *'mano'* is the aforegoing element to be referred to by the relative pronoun *'que'.*
"Ismael estudió la carrera de cazador de ballenas, ***la cual*** *es muy difícil."*

In this example, the relative pronoun *'la cual'*, refers to the previously mentioned subject *'la carrera'.* Expressing it is very difficult.

As in other grammatical elements, **relative pronouns**, come in singular, plural, feminine and masculine.

	SINGULAR					PLURAL			
Neuter	*que*	*quien*		*cual*			*quienes*		*cuales*
Feminine	*la que*		*cuya*	*la cual*	*cuanta*	*las que*		*cuyas*	*las cuales*
Masculine	*el que*		*cuyo*	*el cual*	*cuanto*	*los que*		*cuyos*	*los cuales*

**Be Careful with *que.* When there's a noun to be referred and the context indicates it, *'que'* works as a relative pronoun, otherwise it a conjunction.

- In questions, *que* is always a pronoun.
  ¿Qué hiciste de comer?
- In exclamations, *que* is a pronoun as well.
  ¡En qué estabas pensando!
- Within a comparative sentence, *que* is a pronoun.
  Es mejor ser pobre que ladrón.
- After a verb, *que* works as a pronoun also.
  Sancho amigo, has de saber que yo nací por querer del cielo . . .

Interrogatives, Exclamations

Spanish: **Interrogación y Exclamación**

In Spanish, as in other languages, it is sometimes necessary to ask questions: to get directions, the time, the weather, etc. There are questions that can be answered with yes or no and there are questions that need details.

**In Spanish there are 2 question marks and 2 exclamation marks, accordingly: *¿? ¡ . . .*

This is to open the question/exclamation and to close it. This comes in handy whenever you are reading aloud since you know where the question/ exclamation starts and can make the voice emphasis.

Following are the **question words** used in Spanish, all of them have accent marks and the proper question marks.

¿Cuál? ¿Cuáles?	Which (one(s))?	**¿De dónde?**	From where?
¿Cuándo?	When?	**¿Qué?**	What?
¿Cuánto?	How much?	**¿Para qué?**	What for?
¿Cuánta?		**¿Por qué?**	Why?
¿Cuántos?	How many?	**¿Quién?**	Who?
¿Cuántas?		**¿Quiénes?**	
¿Cómo?	How? What?	**¿A quién?** **¿A quiénes?**	Whom?
¿Dónde?	Where?	**¿De quién?** **¿De quiénes?**	Whose?
¿Adónde?	To where?		

These words alone or preceded by a preposition, introduce interrogative or exclamatory sentences, **directly**:

¿Qué pasó?
¿Cuál es tu número telefónico?
¿Cuáles son tus pertenencias?
¿Cuánto cuesta?
¿Cuánta gente vendrá?
¿Cuántos amigos tienes?
¿Cuántas monedas necesitas?
¿Cómo le hago?
¿Dónde estás?
¿Adónde vas?
¿De dónde lo obtuviste?
¿Para qué lo requieres?
¿Por qué no viniste?
¿Quién es tu novia?
*¿Quiénes son tus papás?**
¿Quiénes te acompañan?
¿A quién se lo vas a dar?
¿A quiénes les fue mal en el examen?
¿De quién es este lápiz?
¿De quiénes son estos libros?

***In Spanish the plural 'papás' refers to both parents; the mother and the father. Even though it is in masculine.**

¡Pero qué dices!
¡Cuál es tu problema!
¡Cuáles materias reprobaste!
¡Cuánto tiempo ha pasado!
¡Cuánta coincidencia!
¡Cuántos años sin vernos!
¡Cuántas veces lo tengo que repetir!
¡Cómo estás!
¡Dónde has estado!
¡Adónde se fueron todos!
¡De dónde saliste!
¡Para qué te ibas!
¡Por qué lo invitaste!
¡Quién fue!
¡Quiénes estaban en el accidente!
¡A quién le dieron el premio!
¡A quiénes descubrieron!
¡De quién es la culpa!
¡De quiénes son los niños gorrosos!

The words above can also refer to and introduce interrogative and exclamatory sentences, **indirectly**:

'Ya verás <u>qué</u> bien la pasaremos'
'No explicó <u>cuáles</u> fueron las causas de muerte'
'No imaginas <u>cómo</u> ha crecido mi hijo'
'El termómetro indica <u>cuánto</u> ha subido la temperatura'
'Pregunta por <u>dónde</u> se entra al restaurante'

They can function as nouns, as well:

'A mí no me importa <u>el cómo</u>, sino cuánto tiempo te tardas en realizar el trabajo'.
'Me tienes que decir <u>el cuándo</u> y <u>el dónde</u> de la intervención'.

The particle ***'que'*** have various grammar functionalities in Spanish:

- **Pronoun** on interrogative, exclamatory or relative sentences; *¿Qué estás haciendo?, ¡Qué perro tan juguetón!. . .*
- **Conjuction**. *'Mira que estoy aquí'*
- **Subordinating Noun**. *'Te dije que vinieras'*
- **To introduce a question**. *'¿Qué cocinarás hoy?'*

Difference between ***por qué, porqué, porque, por que***.

a) ***Por qué***. Introduces interrogative and exclamatory sentences, directly and indirectly;
'¿Por qué llegaste tan temprano?',
'¡Por qué dejaste que se fuera!,
'No entiendo por qué estás enojado'

b) **Porqué**. It is a masculine noun referring to a cause, a motive or a reason and it is written with accent since it is a word categorized as 'aguda' (See *'Rules for Stress in Spanish'* for more reference);
'El porqué de que las ballenas lleguen en invierno es un misterio'
'En esta vida, todo tiene un porqué'

c) **Porque**. It works as a conjunction. It is replaceable by the phrases *'puesto que'* and *'ya que'*. It is mainly used to give explanation to a question (frequently made using the question word *'¿Por qué . . .?'*).
'¿Por qué no fuiste a la fiesta?
Porque me sentía enferma'.

d) **Por que**. We can find these two words together in sentences whenever they are working separately as preposition and relative pronoun respectively; or whenever they are working separately as a preposition and a conjunction. In the latter case, since they are working on their own, they can be split, or as a separable phrase (which isn't, they are just working independently within a statement).
'Este es el motive por el que quise que vinieras a mi casa'
'Brindemos por los que ya no están con nosotros'.

Tenses

By now, we know words are classified according their formal variations, how they work and their meaning.

There are eight word categories within grammar: **nouns, adjectives, articles, pronouns, verbs, adverbs, prepositions and conjunctions.**

****Interjections** are not considered a grammatical category since they don't perform any function within syntax.

Verbs express actions, attitudes, transformations, modes and movements about things and beings.

Verbs have different attributes: **person, number, mode** and **time**.

The combination of some of them on a single verb is called *Conjugation (Spanish: conjugación).*

Verb Attributes

Number & Person

Verbs indicate the person doing the action, whether singular or plural. On the following chart you can see different verb forms with their respective person and number.

Grammatical Person	Singular	Plural
First	Yo sonrio	Nosotros sonreimos Nosotras sonreimos
Second	Tú sonríes Usted sonríe	Ustedes sonrien Vosotros sonreís
Third	Él sonríe Ella sonríe	Ellos sonríen Ellas sonríen

However, in Spanish, the personal pronoun is usually omitted since the verb form itself is enough to express the grammatical person they refer to.

That´s why saying *'yo sonrio'* is all right as well as *'sonrio'*, the pronoun *'yo'* is already expressed.

Yo practico yoga = Practico yoga
Tú practicas yoga = Practicas yoga
Él practica yoga = Practica yoga
Ella practica yoga = Practica yoga
Nosotros practicamos yoga = Practicamos yoga
Nosotras practicamos yoga = Practicamos yoga
Ustedes practican yoga = Practican yoga
Ellos practican yoga = Practican yoga

**During your examination you may be asked to identify the correct conjugations for verbs on a certain person. Questions like the following, can be encountered:

**Choose the best answer to complete the following sentence:*

El ______ una camisa azul, yo ______ una verde.

(A) *tener, tener*

(B) *tener, tengo*

(C) *tiene, tener*

(D) *tiene, tengo*

*Correct Answer: D

Mode

There are 3 different modes to express what we want to say in Spanish: **Indicative, Subjunctive** and **Imperative**.

Indicative: refers to real facts whether in past, present or future.

Yo canto en un bar.

Nosotras estudiamos en La Universidad de Chile.

Por favor, empiecen de nuevo.

Subjunctive: expresses possible facts or actions, desires, doubts, beliefs, suppositions or anything the speaker may be afraid of.

Deseo que todos asistan a mi fiesta.

Nos gustaría que María hablara en la asamblea.

Probablemente no te convenga venir a mi casa.

Imperative: expresses an order or a petition. It occurs only in both singular and plural of the second person.

Abre la ventana, por favor.

No fumen adentro de la casa.

Empieza de nuevo.

Time

The main tenses are: **Present, Past** and **Future**. However, there are other tenses to express diverse temporalities, known in Spanish as: ***Copretérito, Pospretérito, Antepresente, Antepretérito, Antefuturo, Antecopretérito*** and ***Antepospretérito***.

Verb Tenses can be simple or compound.

Simple Verb Tenses are formed by the verb and a different ending depending on the person, time, gender and number.

Compound Verb Tenses are formed by the auxiliary verb 'haber' and the participle of the corresponding verb matching with person, time, gender and number.

Some Examples:

Simple	***Yo bailo***	***Ella bailó***	***Nosotros bailaremos***
Compound	*Yo he bailado*	*Ella hubo bailado*	*Nosotros habríamos bailado*

Following are the Indicative, Subjunctive and Imperative modes on the different tenses:

INDICATIVE MODE TENSES	
Simple	**Examples**
Present Presente	Amo
Past Pretérito	Amé
Future Futuro	Amaré
Past Imperfect Copretérito	Amaba
Conditional Simple I Pospretérito/Condicional	Amaría
Compound	**Examples**
Present Perfect Simple Antepresente	He amado
Past Perfect Simple Antepretérito	Hube amado
Future Perfect Antefuturo	Habré amado
Antecopretérito	Había amado
Conditional Simple II Antepospretérito	Habría amado
SUBJUNCTIVE MODE TENSES	
Simple	**Examples**
Present Presente	Ame
Past Pasado	Amara/Amase
Future Futuro	Amare
Compound	**Examples**
Present Perfect Simple Antepresente	Haya amado
Past Perfect simple Antepretérito	Hubiera amado
Future Perfect Antefuturo	Hubiere amado
IMPERATIVE MODE TENSES	
Simple	**Examples**
Present Presente	Ama (tú)

The Indicative

As mentioned before, the **indicative** expresses actions, events and anything believed to be true. It indicates everything that is concrete, tangible (contrary to the subjunctive which expresses all that is abstract).

Present Indicative

Spanish: **Presente**

It expresses:

- The referred action is taking place at the moment it is spoken.
  - *Ahora quiero un té.*
  - *Lo veo y no lo creo. **Popular phrase in some Spanish speaking countries*
  - *Veo que tienes frío.*

- Routine activities.
  - *Corro 30 minutos todas las mañanas.*
  - *Mi mamá cocina pescado todos los viernes.*
  - *Todos los domingos visitamos a los abuelos.*

**During your examination: Look for the reference in time that indicates it is a routine activity. In the examples above the phrase *'todas las mañanas'*, *'todos los viernes'* and *'Todos los domingos'*, respectively, indicate so.

- Historical Present: Actions that happened in the past with a present feeling.
  - *Cerca del año 500 cae el Imperio Romano.*
  - *En 1895 se construye el primer sistema de radio.*
  - *Se juegan por primera vez los Juegos Olímpicos en México en 1968.*

- Universal truths.
  - *La tierra gira alrededor del sol.*
  - *El agua es un elemento vital.*
  - *En agosto cumplo años.*

- Actions referring the future.
  - *El próximo martes tengo examen de aritmética.*
  - *En dos años termino de pagar mi carro.*
  - *La semana que viene tengo cita con el dentista.*

Past Indicative

Spanish: **Pasado**

It refers to:

- An action that happened in the past and it is now completely finished.
  - *Entre 1890 y 1895 hubo una batalla*
  - *El verano pasado viajaron por el norte de África.*
  - *Hace un momento fui al baño.*

- An action happened in the past indicating when exactly occurred.
  - *Ayer por la tarde visité a mi abuela.*
  - *Cristóbal Colón descubrió América en 1492.*
  - *Los Reyes de España visitaron el país vasco en noviembre.*

Future Indicative

Spanish: **Futuro**

- It refers to actions that haven't taken place, yet. However, they're likely to occur.
  - *El lunes iré a comer un helado.*
  - *Viviré en Cartagena por los siguientes dos años.*
  - *En 2 meses obtendré mi título de abogado.*

- Uncertain situations.
  - *Juan pesará unos 70 kilos.*
  - *Calculo que obtendré 90 de calificación en el examen de ciencias.*
  - *¿Se encontrará bien Laura después del accidente?*

- Obligation or mandate.
  - *Vendrán con migo aunque no quieran.*
  - *Desde este momento, prohibiré las salidas por la noche.*
  - *La maestra dijo que tendrás que hacer un trabajo extra.*

- It's common to use the verb *'ir'* as an auxiliary, to express that an action is going to occur in the future. The auxiliary verb *'ir'* may be in different conjugation forms, the verb accompanying it is written in present tense.
    - *El lunes voy a ir a comer un helado.*
    - *Sofía va a ir a traer el pastel.*
    - *Nosotros vamos a ir a cantar en el festival.*

Past Imperfect

Spanish: **Copretérito**

- It refers to two actions happening simultaneously.
    - *Limpiaba la casa cuando sonó el teléfono.*
    - *Mientras cocinaba, tiré por accidentalmente el pastel de la mesa.*
    - *Siempre que tomaba una ducha, escuchaba la radio.*
- It also refers to actions that happen in the past routinely.
    - *En Navidad siempre bebíamos licor hasta que me enfermé.*
    - *Cuando era niña me llevaban al zoológico todos los domingos.*
    - *Siempre que comía mariscos me enfermaba, hasta que fui con un alergólogo.*

Conditional Simple I

Spanish: **Pospretérito**

- It refers to a future statement based on a past or present fact.
    - *La verdad, si querría un vaso de agua.*
    - *Si fueses más cuidadoso, no se te perderían todas tus cosas.*
    - *Me darías la razón si estuvieras en mi lugar.*
- Appreciation, interest or a fact about a past or future action.
    - *Con este descubrimiento ganarías un Premio Nobel.*
    - *Eso me costaría la vida.*
    - *Tu idea podría funcionar.*
- Courtesy.
    - *¿Me prestarías tu reloj?*
    - *Me preguntaba si te gustaría colaborar con nosotros.*
    - *¿Podrías pasarme la herramienta que está allá?*

Compound Forms

Compound forms use the auxiliary verb *estar* in its different tenses. For example:

Yo he caminado	*Yo hube caminado*	*Yo hubiese caminado*
Yo habría caminado	*Yo hubiera caminado*	*Yo hubiera ido a caminar . . .*

Present Perfect Simple

Spanish: **Antepresente**

- Refers to actions that happened recently.
  - *Últimamente, han incrementado los precios.*
  - *He estado lesionado desde hace 2 semanas.*
  - *El dólar ha incrementado en los últimos días.*
- Past actions that have an expiration date on the present.
  - *He tenido diabetes desde entonces.*
  - *El día de hoy se ha vencido mi pasaporte.*
  - *Desde ayer he tenido malestar estomacal.*

Past Perfect Simple

Spanish: **Antepretérito**

- It refers to an action that is over now, related to another in an ended past also.
  - *En cuanto hubo terminado el filme, salió sin despedirse.*
  - *Tan pronto como hubo desempacado su equipaje, se hechó a dormir.*
  - *Apenas hubo oído las campanadas, corrió hacia la capilla.*

Future Perfect

Spanish: **Antefuturo**

- It refers to an action that will happen in the future after another future action.
  - *Para mañana no habrán resistido la tentación de comerse la galleta.*
  - *Para entonces ya habrás terminado.*
  - *Cuando anochezca habré bebido demasiado alcohol.*

- When there´s doubt about an action that's taken place in the past.
  - *¿Me pregunto si se habrá dado cuenta de su error?*
  - *No estoy segura si los camarones se habrán cocinado para mañana.*
  - *¿Habrá terminado el espectáculo para entonces?*

Antecopretérito

Spanish: **Antecopretérito**

- Refers to an action in the past based on another past action.
  - *Para cuando se inventó la televisión, la radio ya se **había inventado**.*
  - *Al tiempo que yo comenzaba a utilizar pantalones, George Sand ya se **había cansado** de ellos.*
  - *Pensé que ya **había pasado** el desfile por mi casa.*

**To be explicit: In the first example, *'Para cuando se inventó la television, la radio ya se había inventado'*. First, the radio was invented, then the tv. We are talking, as a main topic, about the tv which happened after the radio—i.e., a past event after another past event.

Conditional Simple II

Spanish: **Antepospretérito**

- Refers to an action that didn't happen but it was highly likely to happen.
  - *Nicolasa se hubiera perdido de la película si no hubiese llegado a tiempo.*
  - *Todos hubieramos perdido el tren.*
  - *La naturaleza no hubiera podido hacerlo mejor.*
- Refers to a future action that will happen before another future action; both depending on a past action.
  - *Me dijeron que para cuando lloviera ya habrían tenido listos los paraguas.*
  - *Para cuando volviera, habría cocinado la cena.*
  - *Cuando el concierto hubiera terminado tú ya estarías aquí.*
- Expresses the consequence of an action, sometimes with a sense of doubt.
  - *Habríamos llegado a tiempo si no te hubieras tardado.*
  - *Habrían sido las 8 de la mañana cuando tembló en Santiago de Chile.*
  - *¿Habría recibido Antonio los regalos?*

The Subjunctive

It expresses the attitude a subject takes in respect to something or someone. It usually needs another verb which determines the meaning and feeling of the attitude referred to in the sentence. It's common to use the word *'que'* in subjunctive sentences; however, not all subjunctive statements involve the word *'que'* in them.

Subjuntive: Simple Tenses

Present Subjunctive

Spanish: **Presente Subjuntivo**

- To express a present or future action based on another one.
  - *Dudo que lleguemos a tiempo.*
  - *Cuando tengamos dinero, nos iremos a vacacionar.*
  - *No conviene que esperes a que llegue el chofer. Se va a demorar.*
- Within imperative sentences; first person in plural
  - *Búsquemos rápidamente.*
  - *Tengamos paciencia.*
  - *Esperemos aquí sentados.*
- Within imperative sentences; imperative negative sentences
  - *No tengas miedo.*
  - *No le des de comer a los animales.*
  - *No te apresures.*
- For doubt
  - *No sé si tengan agua.*
  - *Creo que carecen de respeto.*
  - *No estamos seguros de que puedan lograrlo.*
- Possibility
  - *Tal vez llegue pronto.*
  - *Pueda ser que esté enfermo.*
  - *Quizá me traigan un regalo.*

- Desire
    - *Ojalá cambies de parecer.*
    - *Espero tener dinero para Enero.*
    - *Desearíamos que estuviéramos delgadas.*

- Disjunctive statements
    - *Oigas lo que oigas, no prestes atención.*
    - *Lo lograré sea como sea.*
    - *Así te irás, estés preparado o no.*

Past Subjunctive

Spanish: **Pasado Subjuntivo**

- It refers to a further action to another occurred in the past.
    - *Me pidieron que trajera vino.*
    - *Carolina le pidió a su hermano que trajera comida.*
    - *Esteban no sabía que Lorena tuviese gripe.*

- Indicates condition.
    - *Si fueras cortés, no tuvieses estos problemas.*
    - *Fuese más efectiva, si mi trabajo estuviese mejor organizado.*
    - *Si pensara que no puedes, ya estuvieras fuera del equipo.*

Verbs in past subjunctive has two different endings in Spanish. Both acceptable and valid. Verbs can end with *-ra*** or ***-se***.

- *tuviera – tuviese*
- *quisiera – quisiese*
- *caminara – caminase*

Difference between **Past Indicative** and **Past Subjuntive**.

Indicative: *Se cree que Rómulo* ***fundó*** *Roma.*
Subjuntive: *No se sabe si ni se tiene por auténtico que Rómulo* ***fundara/fundase*** *Roma.*

Indicative: *Yo* ***tuve*** *un gatito.*
Subjuntive: *No sabía que* ***tuvieras/tuvieses*** *un gatito.*

Future Subjunctive

Spanish: **Futuro Subjuntivo**

- The Future Subjunctive refers to an upcoming action; hypothetical, or it can be a future action based on another. It is commonly used in popular expressions and phrases as well as in literary texts.
  - *Si creyeres que Jesús ha resucitado . . .*
  - *A donde fueres haz lo que vieres.*
  - *Si tuvieres que esperar una eternidad para ver a tu amada ¿Lo harías?*

Subjunctive: Compound Tenses

Present Perfect

Spanish: **Presente Perfecto**

- It refers to a past action before another.
  - *No creo que haya aprobado el examen.*
  - *El que yo haya ido a cenar tacos hoy, no significa que engordaré.*
  - *Que Ramona haya perjudicado a tantas personas no es tu culpa.*
- It also refers to the desire and probability that something happened.
  - *Es probable que haya dormido más de lo normal.*
  - *Quizá haya soñado que te llamaba por el teléfono.*
  - *Tal vez Mariano haya llegado antes que nosotros.*

Past Perfect

Spanish: **Pasado Perfecto**

- It refers to a past action based on another past action.
  - *Lamento que hayas tenido que hacer el trabajo dos veces.*
  - *No creo que yo hubiera podido llegar a tiempo.*
  - *Raúl hubiese ayudado a la comunidad.*
- It refers to what the subject wishes to happen, which aren't possible anymore.
  - *¡Quién lo hubiera imaginado!*
  - *Si hubiera llegado a tiempo, hubiera alcanzado pastel.*
  - *Gabriela hubiese sido saludable, si se hubiese alimentado correctamente.*

Future Perfect

Spanish: **Futuro Perfecto**

- It refers to a hypothetical action. It is hardly ever used in spoken Spanish. However, you can find it on classic literature.
  - *Si para el lunes <u>hubieres terminado</u> el trabajo, ya no tendrías que venir mañana domingo.*
  - *Serás acreedor a un auto nuevo, si para octubres <u>hubieres recabado</u> dinero.*
  - *Si para fin de año Juan Pablo <u>hubiere asistido</u> a la escuela, tendrá un gran futuro.*

Active & Passive Voice

Spanish: **Voz Activa y Voz Pasiva**

We've seen there are different word categories in grammar; mode, tense, number and subject. However, there's another one known as **voice**.

The **voice** is the form the verb takes according to who is performing the action and who is receiving it. Therefore, there are two different **verb voices**: ***Active Voice & Passive Voice***.

Active Voice: Refers to the subject who's 'doing' the action.
Passive Voice: Refers to the subject who's 'receiving' the action.

Examples:

Active Voice: *El* ***<u>panadero</u>*** *hornea el <u>pan</u>.*
Passive Voice: *El* ***<u>pan</u>*** *es horneado por el <u>panadero</u>.*
Translation:
Active Voice: The ***<u>baker</u>*** *bakes the <u>bread</u>.*
Passive Voice: The ***<u>bread</u>*** *is baked by the <u>baker</u>*

We have 2 subjects: '*panadero*' and '*pan*'. When we speak in active voice the first subject executes the second one. On the other hand, whenever we speak in passive voice, it is emphasized the second subject being executed by the first one.

The use of one or the other is determined by what is to be emphasized. ***Passive Voice*** is commonly used during political speeches or whenever we want to be more specific.

For example, if we say:

<u>Ellos están recaudando fondos</u>.

They are raising funds.

We know this is a sentence in ***Active Voice***.
The pronoun '*ellos*' is executing the action of ¬'*recaudar*'. At the same time, the noun '*fondos*' is receiving it.

However, the pronoun '*ellos*' is vague; too general.
We don't know exactly who '*ellos*' are.
Henceforth, ***Passive Voice*** must be used instead.

This would be a better way of expressing such idea:

<u>Los fondos están siendo recaudados</u>.

Funds are being raised.

Since the noun '*funds*' is the main idea of the sentence, now using ***Passive Voice*** that is emphasized.
Although, if the pronoun '*ellos*' is relevant and must be indicated within the sentence, we can always use de prepositions '*por*' or '*de*' to introduce it.

'Los fondos están siendo recaudados <u>por</u> ellos'.

Notice how the verb changes to a perfect form when is converted into a passive statement. In Spanish all perfect tenses have the following endings: *-ado, -edo, -ido, -to, -so, -cho.*

E.g; *estado, almorzado, teñido, deshecho, impreso, puesto . . .*

Another example:

Cristóbal Colón descubrió América.

Cristopher Columbus discovered America.

This is ***Active Voice***, we know both nouns: '*Cristobal Colón*' and '*América*' are relevant and well known. However, if we find ourselves in need of changing into a ***Passive Voice*** statement emphasizing the noun '*América*', this would be the correct sentence:

América fué descubierta por Cristóbal Colón.
America was discovered by Cristopher Columbus.

As mentioned:

- The preposition *'por'* is being used to introduce the 'doer' of the action.
- The verb is in a perfect tense.

The examples above were an explanation related to the ***Active & Passive Voices*** you are accustomed to using in English. Here are some important points to take into account:

1. ***Active Voice*** is the colloquial and natural way of speaking.

2. There are 2 ways of expressing ***Passive Voice*** in Spanish:
   a) The first form for expressing a passive statement consists on setting the verb ***ser*** before the verb in ***participle.***
   The verb ***ser*** must go along with the conjugation meant: present, past, future (on all its different modes), 1st, 2nd and 3rd in both plural and singular.

   Example:

   SER + VERB IN PARTICIPLE

   Yo ***soy*** *conoc**ido*** *= present*

   Tú ***eras*** *conoc**ido*** *= past imperfect*

   Ella ***fue*** *conoc**ida*** *= past perfect simple*

   Nosotros ***seremos*** *conocidos = Future*

   Armando y Carolina ***serían*** *conoc**idos*** *= Conditional*

   It just applies only for **transitive verbs** not for **intransitive verbs**.
   ****for more information about transitive and intransitive verbs look at the 'verbs' section.**
   Therefore, the following sentence: '*Ellosríen*' doesn't exist in a ***Passive Voice***, since the verb *'reír'* is **intransitive**.

   At the same time, it is not possible to make a ***Passive Voice*** version from a sentence without a **direct object**: This means a sentence with one noun.

   Example:

   'El campesino siembra'.

   There's just one noun/subject: *'campesino'*
   We just have a *doer*, we don't have a *receiver = direct object.*
   Therefore, we cannot build a passive voice from this sentence.

However, if we had a *receiver/direct object* that would be possible:

Active Voice: *'El campesino siembra flores'*

Passive Voice: *'Las flores son sembradas por el campesino'*

b) The second form for expressing a passive statement consists in interpreting the sentence as a third person adding the particle ***'se'***.

Example:

Active Voice: *Los campesinos siegan el trigo.*

Passive Voice: *Se siega el trigo por los campesinos.*

Active Voice: *El campesino siembra*

Passive Voice: *Se siembra* (por el campesino).

There are two types of verbs that can't be expressed in ***Passive Voice.*

These are: ***impersonal verbs*** and ***pronominal verbs*** (see verbs section for more information about verbs).

- It is completely unacceptable to say or write: *se llueve, se graniza* . . . (impersonal verbs)
- It is completely unacceptable to say or write: *se se ausenta, se se arrepiente* . . . (pronominal verbs).
- However is possible to say: ***uno*** *se arrepiente,* ***uno*** *se ausenta* . . .

Non-Personal Verb Forms

Spanish: **Formas No Personales del Verbo**

The non-personal verb forms are: ***Infinitive, Gerund*** and ***Participle.*** They do not appear with any variation nor indicate person, mode or time, since they are in a base form with no conjugation.

The Infinitive

Spanish: **El Infinitivo**

The **Infinitive** form is the base form for all verbs.
Depending on their ending, their classified within 3 categories:

First Conjugation	Second Conjugation	Third Conjugation
-ar	**-er**	**-ir**
cantar *amar* *caminar*	*querer* *tener* *correr*	*salir* *dormir* *sentir*

The **Infinitive** form, besides being a verb, can function as a noun. Sometimes can be accompanied by an article and adjectives.

Example:

Cazar animales en extinción es un delito.

El cantar ha sido una forma de arte durante siglos.

The **Infinitive** can be found in both simple and compound forms:

SIMPLE	COMPOUND
amar	haber amado
tener	haber tenido
sentar	haber sentado

The Gerund

Spanish: **El Gerundio**

This is a non-personal form of a verb which expresses an action continuously in progress.
Verbs end with ***-ando, -iendo, -yendo***.

Examples: *caminando, comiendo, leyendo . . .*

The **Gerund** can work as an adverb as well.
Examples: *Mariano habla haciendo gestos, El niño llegó llorando.*

The **Gerund** can be found in both simple and compound forms:

SIMPLE	COMPOUND
amando	habiendo amado
teniendo	habiendo tenido
sentando	habiendo sentado

We use this non-personal verb form whenever we refer to a simultaneous action or an action before another.
** The **Gerund** never refers to an action after another.

Examples:

Mirando hacia el cielo veo a las aves.
Habiendo limpiado mi casa, me dispuse a descansar.
Esos niños viven viajando por todo el mundo.

The Participle

Spanish: **Participio**

This non-personal form of the verb express an action already performed.

Regular endings: ***-ado, -edo, -ido***.
Irregular endings: ***-to, -so, -cho***.

Examples: *interesado, entendido, entrenado, deshecho, escrito, dicho, concluido . . .*

The **Participle** in Spanish can function as an adverb, as well.

Examples:

Trabajaba concentrado
Persona interesada
Caballo entrenado

There are some verbs that work as a verb in participle whenever they end with a regular ending (*-ado, -edo, -ido*) and work as an adjective whenever they end with an irregular ending (*-to, -so, -cho*).

Examples:

Verb in Participle Form	Verb Functioning as an Adjective
*Has **freído** los plátanos.*	*Los plátanos se comen **fritos**.*
*Ella fue **elegida** por la mayoría como Presidenta.*	*Ella es la nueva Presidenta **electa**.*
*Jesús ha **imprimido** su nombre en la etiqueta.*	*Las etiquetas **impresas** en blanco y negro se extraviaron.*

Not all verbs can work as a participle form and as an adjective. Just some verbs do:

extendido	extenso
imprimido	impreso
bendecido	bendito
extinguido	extinto
convertido	converso

suspendido	suspenso
expresado	expreso
recluido	recluso
concluido	concluso
despertado	despierto

Conjugation of *Estar*

INDICATIVE					
Simple Form					
PRONOUN	**PRESENT**	**PAST**	**FUTURE**	**PAST IMPERFECT**	**CONDITIONAL SIMPLE I**
yo	*estoy*	*estuve*	*estaré*	*estaba*	*estaría*
tú	*estás*	*estuviste*	*estarás*	*estabas*	*estarías*
él	*está*	*estuvo*	*estará*	*estaba*	*estaría*
ella	*está*	*estuvo*	*estará*	*estaba*	*estaría*
nosotros	*estamos*	*estuvimos*	*estaremos*	*estábamos*	*estaríamos*
nosotras	*estamos*	*estuvimos*	*estaermos*	*estábamos*	*estaríamos*
vosotros	*estáis*	*estuvisteis*	*estaréis*	*estabais*	*estaríais*
vosotras	*estáis*	*estuvisteis*	*estaréis*	*estabais*	*estaríais*
usted	*está*	*estuvo*	*estará*	*estaba*	*estaría*
ustedes	*están*	*estuvieron*	*estarán*	*estaban*	*estarían*
ellos	*están*	*estuvieron*	*estarán*	*estaban*	*estarían*
ellas	*están*	*estuvieron*	*estarán*	*estaban*	*estarían*

Compound Form					
PRONOUN	PRESENT PERFECT	*ANTECOPRETÉRITO*	PAST PERFECT	FUTURE PERFECT	CONDITIONAL SIMPLE II
yo	*he estado*	*había estado*	*hube estado*	*habré estado*	*habría estado*
tú	*has estado*	*habías estado*	*hubiste estado*	*habrás estado*	*habrías estado*
él	*ha estado*	*había estado*	*hubo estado*	*habrá estado*	*habría estado*
ella	*ha estado*	*había estado*	*hubo estado*	*habrá estado*	*habría estado*
nosotros	*hemos estado*	*habíamos estado*	*hubimos estado*	*habremos estado*	*habríamos estado*
nosotras	*hemos estado*	*habíamos estado*	*hubimos estado*	*habremos estado*	*habríamos estado*
vosotros	*habéis estado*	*habíais estado*	*hubisteis estado*	*habréis estado*	*habríais estado*
vosotras	*habéis estado*	*habíais estado*	*hubisteis estado*	*habréis estado*	*habríais estaod*
usted	*ha estado*	*había estado*	*hubo estado*	*habrá estado*	*habría estado*
ustedes	*han estado*	*habían estado*	*hubieron estado*	*habrán estado*	*habrían estado*
ellos	*han estado*	*habían estado*	*hubieron estado*	*habrán estado*	*habrían estado*
ellas	*han estado*	*habían estado*	*hubieron estado*	*habrán estado*	*habrían estado*

SUBJUNCTIVE			
Simple Form			
PRONOUN	**PRESENT**	**PAST**	**FUTURE**
yo	*esté*	*estuviera/ estuviese*	*estuviere*
tú	*estés*	*estuvieras / estuviese*	*estuvieres*
él	*esté*	*estuviera/ estuviese*	*estuviere*
ella	*esté*	*estuviera/ estuviese*	*estuviere*
nosotros	*estemos*	*estuviéramos/ estuviésemos*	*estuviéremos*
nosotras	*estemos*	*estuviéramos/ estuviésemos*	*estuviéremos*
vosotros	*estéis*	*estuvierais/ estuvieseis*	*estuviereis*
vosotras	*estéis*	*estuvierais/ estuvieseis*	*estuviereis*
usted	*esté*	*estuviera/ estuviese*	*estuviere*
ustedes	*estén*	*estuvieran/ estuviesen*	*estuvieran*
ellos	*estén*	*estuvieran/ estuviesen*	*estuvieran*
ellas	*estén*	*estuvieran/ estuviesen*	*Estuvieran*

Compound Form			
PRONOUN	**PRESENT PERFECT**	***ANTECOPRETÉRITO***	**FUTURE PERFECT**
Yo	*Haya estado*	*Hubiera/ hubiese estado*	*Hubiere estado*
Tú	*Hayas estado*	*Hubieras/ hubieses estado*	*Hubieres estado*
Él	*Haya estado*	*Hubiera/ hubiese estado*	*Hubiere estado*
Ella	*Haya estado*	*Hubiera/ hubiese estado*	*Hubiere estado*
Nosotros	*Hayamos estado*	*Hubiéramos/ hubiésemos estado*	*Hubiéremos estado*
Nosotras	*Hayamos estado*	*Hubiéramos/ hubiésemos estado*	*Hubiéremos estado*
Vosotros	*Hayáis estado*	*Hubierais/ hubieseis estado*	*Hubiereis estado*
Vosotras	*Hayáis estado*	*Hubierais/ hubieseis estado*	*Hubiereis estado*
usted	*Haya estado*	*Hubiera/ hubiese estado*	*Hubiere estado*
Ustedes	*Hayan estado*	*Hubieran/ hubiesen estado*	*Hubieren estado*
Ellos	*Hayan estado*	*Hubieran/ hubiesen estado*	*Hubieren estado*
ellas	*Hayan estado*	*Hubieran/ hubiesen estado*	*Hubieren estado*

IMPERATIVE	
Pronoun	**Present**
Tú	*está*
Usted	*esté*
Vosotros	*estad*
Vosotras	*estad*
ustedes	*estén*

Time

In Spanish: **Tiempo**

DAYS OF THE WEEK	
Días de la Semana	
lunes	monday
martes	tuesday
miércoles	wednesday
jueves	thursday
viernes	friday
sábado	saturday
domingo	sunday

MONTHS OF THE YEAR	
Meses del Año	
January	*Enero*
February	*Febrero*
March	*Marzo*
April	*Abril*
May	*Mayo*
June	*Junio*
July	*Julio*
August	*Agosto*
September	*Septiembre*
October	*Octubre*
November	*Noviembre*
December	*Diciembre*

SEASONS OF THE YEAR	
Estaciones del Año	
Primavera	Spring
Verano	Summer
Otoño	Fall/autumn
invierno	winter

OTHER TIME EXPRESSIONS	
hoy	today
ayer	yesterday
mañana	tomorrow
anoche	last night
antenoche	the night before last
por la mañana	in the morning
de la mañana	in the morning
en la mañana	in the morning
por la tarde	in the afternoon
de la tarde	in the afternoon
en la tarde	in the afternoon
por la noche	in the evening/night
de la noche	in the evening/night
la mañana	morning
el mañana	morrow, future
mañana por la mañana	tomorrow morning
pasado mañana	the day after tomorrow
el lunes que viene	next monday
la semana que viene	next week
el año que viene	next year
el lunes pasado	last monday
la semana pasada	last week
el año pasado	last year
al mediodía	at noon
a la medianoche	at midnight
alrededor de	around
durante el día	during the day
de día	days
de noche	nights
tarde	late
temprano	early
en punto	exactly, o'clock
a tiempo	on time

- In Spanish the word ***time*** refers to both time and weather.
- The verb ***ser*** expresses the time we are referring to.
- When we refer to one o'clock, we use ***es****; es la una en punto.*
- When we refer to all other hours we use **son***; son las tres de la tarde.*
- Since the word '*hora*' is feminine, the feminine article '*la*' is used as well; '*son las siete y media*' . . .
- Minutes:
  - Are added using the word '*y*'; '*Son las doce y quince*'.
  - Can be added using the word '*menos*'; '*son las cinco menos veinte*'.
  - Can be added using the words '*media*' and '*cuarto*'; *son las nueve y media*', '*a las tres y cuarto nos vamos*'.
- Whenever we refer to a.m. or p.m. we use the expressions *'de la mañana', 'de la tarde'* and *'de la noche'; 'son las cinco de la mañana y no he dormido nada'* . . .

Section III Sample Tests

SECTION III: Sample Test One

Listening: Rejoinders

Directions: *Fill in the corresponding oval on your answer sheet.*

Número 1. **HOMBRE** Si fuera millonario como tú, compraría una casa en Miami.

MUJER

(A) Yo voy para los Estados Unidos en agosto.

(B) Gracias a la venta de lotería, se sostiene la salud del país.

(C) Creo que es un gasto inoficioso.

(D) Mis abuelos viven en Miami.

Número 2. **HOMBRE** ¿Qué hora es?

MUJER

(A) 3 de Septiembre.

(B) Las 10 en punto.

(C) Son las 15 más 60.

(D) 1998.

Número 3. **MUJER** Hola Andrés, ¿Cómo se llama tu abuela?

HOMBRE

(A) Pedro.

(B) Raúl.

(C) Andrés.

(D) María.

Número 4. **MUJER** ¿Has visto la nueva película de comedia?

HOMBRE
(A) No la he visto.
(B) No lo he visto.
(C) Ya lo vi.
(D) Ya las vi.

Número 5. **HOMBRE** ¿Has estado alguna vez en Bogotá?

MUJER
(A) No fue.
(B) Si, estuvo.
(C) El año pasado.
(D) Si, hemos estado una vez.

Número 6. **HOMBRE** ¿Vamos a cine esta noche?

MUJER
(A) Voy de vacaciones en diciembre.
(B) Comencé la universidad hace una semana.
(C) Me fui para la casa.
(D) Debo estudiar para un examen que tendré mañana.

Sample Test One

Número 7. **HOMBRE** ¿Qué programa estudias en la universidad?

MUJER

(A) Lenguas modernas.

(B) Un ejercicio de matemáticas.

(C) Para una prueba de español.

(D) El programa de televisión, «Los Simpsons».

Número 8. **HOMBRE** ¿Por qué la despidieron del trabajo?

MUJER

(A) Porque siempre daba lo mejor de ella para realizar cualquier tarea de su trabajo.

(B) Porque la reconocieron por su buen trabajo.

(C) Porque era la mejor trabajadora.

(D) Porque siempre llegaba tarde.

Número 9. **HOMBRE** Estuve viajando todo el día.

MUJER

(A) ¿Qué lugares conociste?

(B) ¿Qué cenaste?

(C) ¿Cómo se llama tú mascota?

(D) ¿Cómo es la luna?

Número 10. **HOMBRE** Viajaré a México el próximo mes.

MUJER

(A) ¿Qué hiciste en navidad?

(B) ¿Comprarás un avión?

(C) ¿Visitarás a Claudia?

(D) No sabía que te gustaba Manizales.

Número 11. **HOMBRE** El médico me prohibió el licor.

MUJER

(A) ¿Qué coctel quieres?

(B) ¿Te invito a tomar whisky?

(C) ¿Cuál es tu licor favorito?

(D) ¿Por cuánto tiempo?

Número 12. **MUJER** ¿Vives en una casa o un apartamento?

HOMBRE

(A) Mi madre vive en una casa.

(B) ¡Adivina!, en un edificio.

(C) Mi hermana vive en un apartamento.

(D) La universidad es muy grande.

Número 13. **MUJER** ¿Cuál es tu nacionalidad?

HOMBRE (A) Perú.

(B) Colombiano.

(C) Argentina.

(D) Brasilia.

Número 14. **MUJER** ¿Qué vehículo tienes?

HOMBRE (A) Un carro y una motocicleta.

(B) Una casa en la playa.

(C) Un perro pequeño.

(D) Una piscina privada.

Número 15. **MUJER** ¿Tocas algún instrumento?

HOMBRE (A) Mi padre toca la batería.

(B) Toco la puerta de mi casa.

(C) Guitarra y además canto.

(D) Mi hija está estudiando piano.

Número 16. **MUJER** ¿Te gustan los animales?

HOMBRE (A) Me gustan todos.

(B) Mi abuela tiene dos perros.

(C) A mi tía le encantan los pájaros.

(D) Mi novia tiene cuatro gatos.

Número 17. **MUJER** ¿Tienes hijos?

HOMBRE (A) Tenemos dos niñas.

(B) Ella está embarazada.

(C) Se llama Luciana.

(D) Se fue de vacaciones.

Número 18. **MUJER** ¿Tu novia habla español?

HOMBRE (A) Sí, hablo español.

(B) Sí, hablo cuatro idiomas.

(C) Sí, es su lengua materna.

(D) No, ella es de Argentina.

SECTION III: Sample Test One

Listening: Dialogues and Narratives

Directions: *You will hear a series of dialogues, news reports, narratives, and announcements. Listen carefully, as each selection will only be spoken once. One or more questions with four possible answers are printed in your test booklet. They will not be spoken. After each selection has been read, choose the best answer choice for each question and fill in the corresponding oval on your answer sheet. You will be given 12 seconds to answer each question.*

Selección número 1

Dos amigos en el aeropuerto

MÓNICA: Entonces, Andrés, ¿Cómo va tu nuevo trabajo?

ANDRÉS: Muy bien. Inicié hace seis meses y es genial.

MÓNICA: Y hasta el momento ¿A qué países has ido?

ANDRÉS: Principalmente a los de Europa. ¡Me encantan!

MÓNICA: ¿Y pudiste conocer los Países Bajos, porque son un gran atractivo turístico?

ANDRES: Lastimosamente no, porque después de cada vuelo terminé muy exhausto y solo tuve tiempo para irme a descansar a mi cuarto de hotel.

MÓNICA: Bueno, yo sé que tú sirves bebidas y comidas. ¿Qué otras funciones tienes?

ANDRES: A ver, ayudamos a los pasajeros nerviosos o enfermos. También nos cercioramos de que la gente obedezca y cumpla con las reglas de seguridad.

MÓNICA: ¡Vaya! Tu trabajo es fantástico, quisiera uno de esos.

ANDRES: Si es bastante bueno, sin embargo, algunas veces los horarios son muy extensos y no tengo tiempo para compartir con mi familia.

NARRADOR: *Ahora contesta las preguntas 19, 20, y 21.*

19. ¿Qué países conoce Andrés?

(A) Italia, Francia, y España.

(B) Casi toda Europa, excepto de los países Bajos.

(C) Países Bajos.

(D) Alemania, Inglaterra, y Suecia.

20. ¿A qué se dedica Mónica?

(A) A servir bebidas y comidas

(B) Es compañera de trabajo de Andrés.

(C) Ella no menciona su actividad.

(D) Es amiga de Andrés.

21. Además de servir bebidas y comidas, ¿qué otros servicios se prestan en los vuelos?

(A) Asesorar a los pasajeros en el uso del baño.

(B) Dar recomendaciones sobre el comportamiento de los pasajeros durante el vuelo.

(C) Verificar los boletos de vuelo de los pasajeros.

(D) No se presta ningún servicio adicional.

Selección número 2

¿Dónde está el dentista?

LAURA: Buenos días, Señor Vigilante, tengo un dolor muy fuerte en mi muela y quisiera que me atendieran lo más pronto posible para sanar mi dolor.

VIGILANTE: Buenos días, chica. Debes esperar un momento mientras atienden a los pacientes que han llegado antes de ti, ¿Puedes darme tu nombre y número de identificación?

LAURA: Si, mira es Laura Colorado y mi número es 10465741.

VIGILANTE: Puedes sentarte en las sillas que se encuentran en el pasillo.

LAURA: Muchas gracias, Señor Vigilante.

DOCTORA LINA: Laura puedes seguir. ¿Cuéntame que te pasa?

LAURA: Buenas noches, Doctora. Me está doliendo mucho mi muela y quisiera que me recetaras algún medicamento.

DOCTORA LINA: Primero debo examinarte para saber exactamente qué es lo que te sucede.

LAURA: Umm, ¡Está bien!

DOCTORA LINA: Laura, lamento decirte que debo extraerte la muela. El problema está afectando tu nervio.

LAURA: A pesar de que suena muy doloroso, lo permitiré. Muchas gracias, Doctora.

NARRADOR: *Ahora contesta las preguntas de 22, 23, y 24.*

22. ¿Qué desea Laura al ingresar al Centro Médico?

(A) Que el vigilante le saque la muela.

(B) Que le presten el servicio de inmediato.

(C) Que la afilien al sistema de salud.

(D) Que atiendan a su madre urgentemente.

23. ¿Qué le solicita el vigilante a Laura?

(A) Sus datos personales.

(B) La dirección de ella.

(C) Los datos personales de su madre.

(D) Su nombre y número telefónico.

24. ¿Quién se sienta en las sillas del pasillo?

(A) La madre de Laura.

(B) La doctora.

(C) Laura y su madre.

(D) La paciente.

Selección número 3

En la Universidad

ADRIANA: Hola querida amiga, ¿cómo estás?

LORENA: Hola amiga, un poco preocupada porque ya se acerca el final del último corte y no entiendo el tema del examen de Física II.

ADRIANA: ¿Y qué tal es tu profesor?

LORENA: Es difícil porque los temas que él dicta son muy abstractos y no sabe explicarlos muy bien.

ADRIANA: ¿Y cuál es el tema que no entiendes?

LORENA: El tema de Ley de Gauss.

ADRIANA: ¡Ah!, ¡Interesante! No te preocupes amiga. Yo te puedo ayudar con eso.

LORENA: Que buena noticia, me volvió el alma al cuerpo. ¿Cuándo me puedes explicar?

ADRIANA: Hoy mismo, y sé que te va a ir muy bien con mi ayuda.

LORENA: Muchas gracias amiga. Te debo este favor.

NARRADOR: *Ahora contesta las preguntas 25, 26, y 27.*

25. ¿Qué son las dos mujeres del diálogo?

(A) Primas.

(B) Hermanas.

(C) Compañeras.

(D) Familiares.

26. ¿Por qué está preocupada una de las mujeres?

(A) Porque no ha tenido tiempo de estudiar.

(B) Porque no entiende el tema de la prueba.

(C) Porque perdió el examen.

(D) Porque su profesor diseña exámenes muy difíciles de pasar.

27. Mencione las razones por lo que el tema es difícil:

(A) Tiene muchos temas de matemática y física.

(B) Son inconcretos y ella no le entiende a su profesor.

(C) Ella no entiende el idioma del profesor.

(D) Ella ha faltado a varias clases.

Selección número 4

Dos compañeros de trabajo

FELIPE: Hola Claudia, ¿sabes cuál es la última noticia?

CLAUDIA: No sé, ¿Me puedes compartir esa información?

FELIPE: Parece que las ventas están muy bajas y la competencia de la industria de las golosinas está muy fuerte.

CLAUDIA: ¿Pero, esto nos afecta?

FELIPE: Por supuesto, de hecho esta mañana el gerente en una reunión corporativa anunció algunos cierres de unas sucursales que funcionan en nuestro país y habrán despidos.

CLAUDIA: Es bastante alarmante, pero también escuché que las personas que van a continuar trabajando son las que llevan más de dos años en la compañía.

FELIPE: ¡Uf! entonces tú y yo seguiremos ya que somos también excelentes, no te preocupes.

CLAUDIA: Esperemos que sí, porque el día de mañana será la decisión definitiva.

FELIPE: Perfecto, Claudia. Pronto nos volvemos a ver y ojalá sea en esta misma compañía.

CLAUDIA: Listo querido Felipe. Estaremos en contacto.

NARRADOR: *Ahora contesta las preguntas 28, 29, y 30.*

28. ¿Qué le va a compartir Felipe a Claudia?

(A) Unas golosinas muy exquisitas.

(B) Las nuevas estrategias que tiene la Compañía.

(C) Le va a decir que la empresa tiene clientes nuevos.

(D) Una información muy importante.

29. Lo que le dice Felipe a Claudia tiene que ver con:

(A) Las ventas altas y el dinamismo de la competencia.

(B) Las ventas bajas y la intensidad de la competencia.

(C) Las ventas y la competencia fuerte.

(D) Las ventas y la competencia.

30. ¿Afectaría a los empleados de la empresa el anuncio que dio el gerente?

(A) No, porque el cierre de sucursales no afectará a los empleados.

(B) No, porque la sucursales nuevas generarán más empleos.

(C) Sí, porque el cierre de las sucursales provocará despidos.

(D) Sí, porque el cierre de las sucursales generará caos.

Selección número 5

Viaje

LUCIANA: Ven, ¿cuéntame cómo te fue en el viaje?

JACOBO: Estuvo genial, lástima que no fuiste, ¿Qué te paso?

LUCIANA: ¡Que rabia! Tenía que cumplir con un informe de trabajo y desafortunadamente coincidieron las fechas, ¿Y qué tal Venecia?

JACOBO: ¡Es encantadora, sus canales, sus hoteles, su gastronomía y sus paisajes son fantásticos!

LUCIANA: Ojalá hubiera podido ir, pero mi esposo también estaba muy indispuesto y lo único que quería hacer era visitar al doctor. Por lo tanto fue difícil acompañarte.

JACOBO: Para una próxima ocasión, planeamos un viaje incluso mejor que éste.

LUCIANA: Si, me parece muy buena idea.

NARRADOR: *Ahora contesta las preguntas 31, 32, y 33.*

31. ¿Cómo le fue en el viaje a Jacobo?

(A) Tuvo muchos inconvenientes.

(B) Le fue muy bien pero no le gusto la ciudad a su esposa.

(C) Le dio mucha rabia porque le fue mal.

(D) Muy bien, pero le dio tristeza porque su amiga no fue.

32. ¿Por qué no fue Luciana al viaje?

(A) Porque su esposo estaba muy indispuesto.

(B) Porque el esposo debía ir al doctor y ella debía presentar informes.

(C) Porque no tenía dinero.

(D) Porque al pagar las deudas no le quedo dinero.

33. ¿En qué se destaca Venecia?

(A) En sus paisajes, hoteles, canales, y gastronomía.

(B) En sus canales, hoteles, y gastronomía.

(C) En su gastronomía, paisajes, y canales.

(D) Por su laguna adriática.

Selección número 6

La aplicación número 1 de los teléfonos móviles

En la actualidad, *WhatsApp* ha revolucionado las comunicaciones en el mundo entero, pero está perjudicando a las Compañías que ofrecen mensajería instantánea y llamada de voz. *WhatsApp*, como es conocido, funciona con datos, como 3G, 2G o Wi-Fi. Esta aplicación se destaca por ofrecer servicios de calidad sin precio alguno; al igual que sus competidores actuales como Tango, Viber, Line, etcétera sin embargo, ésta aplicación marca la diferencia por sus cerca de 500 mil usuarios activos en el 2015, y porque cuenta con muchas características que son llamativas para los usuarios entre las que sobresalen; la actualización de los contactos a través de la agenda del teléfono móvil, la gratuidad para los distintos sistemas operativos como: *iOS*, *Android*, *Windows Phone*, *BlackBerry*, y la comunicación en tiempo real.

NARRADOR: *Ahora contesta las preguntas 34, 35, y 36.*

34. ¿Qué beneficios le ha traído WhatsApp a las empresas de comunicaciones?

(A) Los usuarios se pueden comunicar en tiempo real.

(B) Ha generado más empleo dentro de las compañías.

(C) Al contrario, WhatsApp las está afectando.

(D) Ha obligado a hacer alianzas entre las compañías.

35. ¿Por qué medio de conexión funciona WhatsApp?

(A) Wifi, 2G, 3G.

(B) 2G, 1G, 4G.

(C) Wifi, 3G ,4G.

(D) Wifi, 2G,4G.

36. ¿En la actualidad cuántos usuarios activos tiene WhatsApp?

(A) Medio millón de usuarios.

(B) Mil quinientos millones de usuarios.

(C) Quinientos millones de usuarios.

(D) Un millón de usuarios.

Selección número 7

El ejercicio físico: Un buen aliado

No cabe duda que el ejercicio es bueno para el cuerpo y la mente, y una adecuada práctica de éste aumenta los niveles de energía e incluso ayuda a equilibrar las emociones. Los expertos recomiendan hacer ejercicio por 60 minutos cada día, sin embargo, sólo el 15 por ciento lo practican, el resto de la población lo abandona por falta de interés, y se dedican mejor al sedentarismo, siendo éste último el causante de las enfermedades que aquejan a las personas en la actualidad. El ejercicio es sinónimo de prevención, si se practica con regularidad. Lo más probable es que los trastornos, las dolencias, y los desequilibrios emocionales serán temas del pasado.

NARRADOR: *Ahora contesta las preguntas 37, 38, y 39.*

37. ¿Qué produce el ejercicio?

(A) Una mente y un cuerpo sano, y contribuye al equilibrio de las emociones.

(B) Oxigena el cerebro y quema calorías.

(C) Aumenta los niveles de energía y ayuda a la concentración.

(D) Mejora la capacidad mental para desarrollar las actividades cotidianas efectivamente.

38. ¿Qué recomiendan los expertos?

(A) Caminar durante 60 minutos cada día.

(B) Hacer 70 minutos de ejercicio cada día.

(C) Trotar media hora y caminar otra media hora.

(D) Hacer una hora de ejercicio cada día.

39. Según la narración, ¿cuántas son las personas que están practicando ejercicio?:

(A) El 75 por ciento de la población lo practica.

(B) La cuarta parte de la población lo practica.

(C) La mitad de la población lo practica dos veces al día.

(D) El 50 por ciento de la población lo practica.

Selección número 8

La realidad del cambio climático

Es indiscutible, el cambio climático es evidente y está sucediendo. Gracias al descontrol del ser humano en el uso desmesurado de herramientas modernas y otros elementos para hacer la vida más fácil y cómoda a la humanidad y que ha afectado el planeta. Se está generando un efecto devastador que está terminando con la vida de la fauna y la flora del planeta tierra. El calentamiento global debería empezar a disminuir, pero al contrario, la actividad de los seres humanos lo está aumentando cada día más. Los estudios demuestran que los últimos 11 años han sido los más calurosos, incrementando la temperatura global promedio en 0.74°C durante el Siglo XXI, y a esto se suma el dióxido de carbono que ha dominado el comportamiento de este cambio climático.

NARRADOR: *Ahora contesta las preguntas 40, 41, y 42.*

40. ¿Cómo perjudica el humano al planeta tierra?

(A) Con los desperdicios que emiten las empresas.

(B) Con el uso de trenes.

(C) Con la utilización de tecnologías.

(D) Con el arrojo de basuras a los ríos.

41. ¿Cuáles especies se están extinguiendo debido al cambio climático?

(A) Los jaguares.

(B) La flora y fauna amazónica.

(C) Todas las especies del África.

(D) La fauna y flora de todos los continentes.

42. ¿Está disminuyendo el calentamiento global?

(A) Sí, porque el humano se ha concientizado para cuidar el planeta.

(B) No, porque los humanos lo aumentan con sus actividades.

(C) Sí, porque la contaminación los disminuye cada día.

(D) No, al contrario, los humanos están derrumbando los bosques.

Selección número 9

La religión en un mundo complejo

Las religiones están viviendo uno de sus mejores momentos. El hecho reside es que por primera vez en muchos años se puede diferenciar claramente entre las creencias y la estructura social moderna. Pues en los últimos años ante tantos problemas que enfrenta el mundo actual, se están generando vivencias negativas para muchas personas como: la depresión, la baja autoestima, entre otras. Lo que están aprovechando para dar a conocer la palabra de salvación al dar absolución a los pecados. Sin embargo, según un informe hecho por una universidad colombiana a los participantes religiosos, sólo la mitad de las propuestas establecidas por la religión han sido exitosas en Latinoamérica, por consiguiente, los líderes religiosos deben ser constantes con la expansión de las iglesias y templos, para ir en búsqueda de una religión sólida que prometa y cumpla cada palabra.

NARRADOR: *Ahora contesta las preguntas 43, 44, y 45.*

43. ¿Qué religiones se mencionan en el texto?

(A) El Hinduismo.

(B) El Cristianismo.

(C) El Budismo.

(D) Todas las religiones.

44. ¿Por qué las religiones están en su mejor momento?

(A) Porque debido a la violencia, las religiones juegan un papel de liderazgo en la generación de paz.

(B) Porque la fe es la tendencia actual.

(C) Porque hay más construcciones de templos e iglesias.

(D) Porque debido a las enfermedades emocionales del Siglo XXI, las personas buscan la fe.

45. ¿De qué manera están inculcando las religiones la fe en las personas?

(A) Guiando al hombre hacia la paz.

(B) Enseñando el camino de lo divino a través de la redención.

(C) Mostrando testimonios de personas que han conseguido la felicidad.

(D) Dando herramientas para aprender a orar o meditar.

Selección número 10

Comprar o no comprar

Un comprador compulsivo difícilmente puede controlarse. No es grave cuando compra para satisfacer sus necesidades, pero si lo es cuando decide comprar cosas que no necesita. Muchos expertos afirman que las personas que se comportan de esta manera, están ligados a diversos trastornos psicológicos que además están afectando su círculo social. La depresión y la ansiedad son las causas principales por la que las personas con esta enfermedad deciden comprar exageradamente. La personalidad típica del comprador compulsivo es una mujer o un hombre, no importa que clase social, que ha desarrollado una costumbre que fuerza a comprar ropa, zapatos, joyas, productos de belleza, aparatos tecnológicos, y otras herramientas para el hogar. Sobre este tema se deben modificar estos comportamientos, porque se debe entender que comprar no hace feliz a nadie. Al final termina consumiendo a las personas y quizás con el dolor de haber gastado un dinero que necesitaba realmente para otras cosas más importantes.

NARRADOR: *Ahora contesta las preguntas de la 46, 47, y 48.*

46. Una persona que va de compras constantemente es:

(A) Un comprador generoso.

(B) Feliz.

(C) Satisface todas sus necesidades.

(D) Padece de un trastorno psicológico.

47. ¿Cuál es la causa por la que una persona se convierte en un comprador compulsivo?

(A) La falta de gastarse el dinero.

(B) El pensamiento consumista.

(C) Estados del comprador compulsivo después de ir de compras.

(D) Trastornos emocionales.

48. ¿Cuál es la verdadera problemática que refleja la narración?

(A) Los daños que puede causar comprar exageradamente.

(B) Los trastornos emocionales.

(C) Cómo debemos invertir nuestro dinero.

(D) Qué lugares debemos visitar para hacer compras.

SECTION III: Sample Test One

Reading Part A: Discreet Sentences

Directions: *The following statements are incomplete, followed by four suggested completions. Select the one that best completes the sentence.*

49. Aquellos libros son ____ Juan Carlos.

(A) encima

(B) para

(C) dentro

(D) por

50. Mi abuela se ____ de cólera hace dos años.

(A) enferma

(B) enfermera

(C) enfermó

(D) enfermaron

51. Maud Wagner es la ____ tatuadora reconocida en los Estados Unidos.

(A) primeras

(B) primero

(C) primera

(D) primeros

52. La Tierra ____ alrededor del Sol todos los días.

(A) giró

(B) girar

(C) giraba

(D) gira

53. Julieta es capaz de memorizar datos ____ .

(A) fácilmente.

(B) facilidad.

(C) facílmente.

(D) fácil.

54. Ernesto y Ramón ____ estado hablando sobre política durante toda la reunión.

(A) a

(B) ha

(C) han

(D) hemos

55. La ____ aun y cuando no sea metálica, puede llegar a ser pesada. De ahí su nombre, que proviene de la palabra griega baros. Tiene diversos usos en la industria automotriz y médica.

(A) varita

(B) varitas

(C) barita

(D) baritas

56. ¿Quiénes se ____ al vecindario la semana pasada?

(A) viene

(B) trae

(C) están

(D) mudaron

57. Yo estaba ____ la ropa sucia mientras tú cocinabas.

(A) lavar

(B) planchando

(C) lavando

(D) habiendo planchado

58. A mí me gusta escuchar ____ radio ____ enterarme de las noticias Internacionales.

(A) el, por

(B) la, para

(C) el, debido a

(D) el, para

59. Marcelo ____ Hilda se conocen ____ que tenían cinco años de edad.

(A) e, desde

(B) y, desde

(C) e, por

(D) y, durante

60. Aun y cuando no ____ limpiar la casa, lo tienen que hacer.

(A) quieres

(B) quiera

(C) querer

(D) quieran

61. ____ papá quiere verte enseguida.

(A) tu

(B) Tú

(C) Tu

(D) tús

62. Los aviones son ____ .

(A) guapas.

(B) metálicas.

(C) perezosos.

(D) rápidos.

63. ____ no sabían que yo había ganado el concurso, hasta que Tomás les dio la noticia.

(A) Todavía

(B) Ellos

(C) María

(D) Para

64. ____ tuvieron una ____ discusión sobre política.

(A) María y Juan, débil

(B) Antonella y Mario, fuerte

(C) Carlos y Brenda, apoderada

(D) María y Juan, sencilla

65. ¿Cuál es el predicado en la siguiente oración?

Ana María y sus hermanas son las hijas del dueño de la hacienda.

(A) Ana María y sus hermanas son

(B) Ana María

(C) son las hijas del dueño de la hacienda

(D) las hijas de dueño de la hacienda

66. Todos me dijeron que en el festival bailé *estupendamente*. La palabra subrayada es:

(A) adjetivo.

(B) adverbio.

(C) complemento circunstancial de modo.

(D) B y C.

67. ____ niño tiene gripe.

(A) La

(B) Los

(C) Las

(D) El

SECTION III: Sample Test One

Reading Part B: Short Cloze Passages

Directions: *In each of the following paragraphs, there are blanks indicating that words or phrases have been omitted. For each blank, choose the completion that is most appropriate, given the context of the entire paragraph.*

I. __68__ Dálmata es una __69__ de perros originarios de la histórica región de Dalmacia. __70__ característica principal es el __71__ blanco con manchas negras.

68. (A) Un
(B) Los
(C) El
(D) La

69. (A) raza
(B) rasa
(C) razo
(D) raso

70. (A) Una
(B) Sus
(C) Unos
(D) Los

71. (A) pelos
(B) pelaje
(C) cabello
(D) cabellera

II. A mi __72__ materna le dio el __73__ . La cual, es una enfermedad causada por un virus, altamente mortal. Quienes la padecen se quejan de un agudo dolor en la __74__ . Dicha enfermedad se detectó por primera vez en 1976 y desde entonces no se ha podido erradicar al __75__ porciento.

72. (A) abuelas

(B) abuela

(C) ebola

(D) ébola

73. (A) abuelas

(B) abuela

(C) ebola

(D) ébola

74. (A) cienes

(B) sien

(C) cien

(D) sienes

75. (A) cienes

(B) sien

(C) cien

(D) sienes

III. ***El ingenioso hidalgo Don Quijote de La Mancha*** **es la novela más publicada y __76__ de la historia después de La Biblia. La __77__ Miguel de Cervantes Saavedra. La segunda parte __78__ en 1615 y desde entonces ha influenciado la __79__ .**

76. (A) traducción
(B) traducida
(C) traduje
(D) tradujeron

77. (A) escribió
(B) escrita
(C) escritura
(D) han escrito

78. (A) apareció
(B) escribió
(C) mostró
(D) se perdió

79. (A) economía
(B) literatura
(C) publicidad
(D) mercadotecnia

Sample Test One

IV. Una pregunta frecuente en la medicina es ¿__80__ dan comezón las cicatrices? Se cree que es __81__ la piel se está regenerando y deshaciéndose del tejido muerto, generando comezón. Quienes pasan por esta situación se preocupan __82__ la cicatriz pueda infectarse. Información a fondo sobre el __83__ de dicho malestar puede ser encontrada en línea y libros referentes al tema.

80. (A) porque

(B) por que

(C) Por qué

(D) porqué

81. (A) porque

(B) por que

(C) Por qué

(D) porqué

82. (A) porque

(B) por que

(C) Por qué

(D) porqué

83. (A) porque

(B) por que

(C) Por qué

(D) porqué

V. Leonor y yo __84__ conocemos desde la primaria. Ella vivía __85__ mi vecindario. Todos los días caminábamos juntas hacia la escuela. A veces la __86__ a jugar a __87__ casa.

84. (A) nos
(B) se
(C) las
(D) te

85. (A) por
(B) para
(C) entre
(D) de

86. (A) llamaba
(B) manchaba
(C) invitaba
(D) invité

87. (A) tu
(B) mi
(C) mí
(D) tú

VI. Hay __88__ edificios históricos en esta calle. La biblioteca es la primera. __89__ museo está a la izquierda de la biblioteca. __90__ del museo está el teatro. El teatro es mi edificio favorito, porque es el más __91__ de todos, datando desde la época colonial.

88. (A) dos
(B) cuatro
(C) tres
(D) uno

89. (A) Un
(B) El
(C) Allá
(D) Ahí

90. (A) Encima
(B) Sobre
(C) Debajo
(D) Detrás

91. (A) antiguo
(B) descuidado
(C) nuevo
(D) sucio

SECTION III: Sample Test One

Reading Part C: Reading Passages & Authentic Stimulus Material

Directions: *Read each of the passages below. Each passage is followed by questions or incomplete statements. Choose the best answer according to the text and mark in the corresponding answer.*

(c) iStockphoto.com/AK2/3617014

92. ¿Qué objeto sostiene la mano?

(A) una cuchara.

(B) una vela.

(C) una pelota.

(D) un tenedor.

(c) iStockphoto.com/thomas-bethge/52988896

93. ¿Qué se observa en la imagen?

(A) teteras.

(B) una estufa.

(C) utensilios de cocina.

(D) comida.

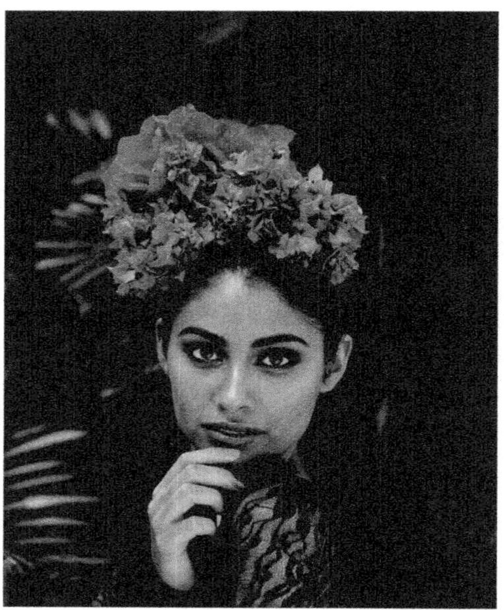

(c) iStockphoto.com/PeopleImages/43535256

94. ¿Qué tiene en la cabeza la mujer?

(A) una diadema.

(B) un sombrero.

(C) un tocado de flores.

(D) un moño.

(c) iStockphoto.com/TriggerPhoto/63521757

95. ¿Cuál es el lugar de origen del sujeto?

(A) Nueva York.

(B) Cartagena.

(C) Barranquilla.

(D) Ciudad de México

96. ¿A qué se dedicaba Nereo López Meza?

(A) Al reportaje.

(B) A la fotografía.

(C) Al modelaje.

(D) A vender sombreros.

Sample Test One

La Florida, que en 1819 había sido anexada a la gran federación americana, fue erigida en estado algunos años más tarde. Por esta anexión, el territorio estadounidense aumentó en una extensión de 67,000 millas cuadradas. En resumen, la Florida se presenta como un país aparte y hasta extraño, con sus habitantes mitad españoles, mitad americanos y sus indios seminolas, muy diferentes a sus congéneres del «Far West»'

~ Julio Verne, 1887; «Norte contra Sur»

97. ¿Cuál es el tema principal del párrafo?

(A) La guerra civil de los Estados Unidos.

(B) Los habitantes de Norteamérica.

(C) La anexión de la Florida a los Estados Unidos.

(D) La extensión territorial de los Estados Unidos.

Europa conocía a Asia desde la antigüedad, pero fue sólo después del descubrimiento de rutas comerciales nuevas en el Siglo XVI que los contactos entre los dos continentes se intensificaron. Como consecuencia de los relatos de los navegantes, de los exploradores y de los mercaderes que habían visitado aquellas tierras, surgió en Europa una gran curiosidad hacia los pueblos orientales. Fueron sobre todo los misioneros católicos quienes sirvieron de puente entre la civilización de China y del mundo europeo.

98. ¿Quiénes eran la conexión entre Asia y Europa?

(A) Los chinos.

(B) Los navegantes.

(C) Los misioneros católicos.

(D) Los comerciantes.

El artista neerlandés, Maurits C. Escher, nació en Leeuwarden el 17 de junio de 1898. Su padre George, era ingeniero civil y estaba casado en segundas nupcias. Su madre, Sarah, era hija de un ministro. Movido por su deseo de ser arquitecto, Escher se matriculó en la Escuela de Arquitectura y Artes Decorativas de Haarlem. Él es conocido mundialmente por sus grabados y obras gráficas expresas de efectos espaciales enigmáticos.

99. ¿Cuál era la profesión de Escher?

(A) Artista.

(B) Ministro.

(C) Arquitecto.

(D) Ingeniero Civil.

Al analizar el progreso de la mujer a través de variables cuantitativas, la Fundación Clinton lanzó un reporte extensivo sobre las regulaciones nupciales de cada país, donde se reveló—para sorpresa de muchos—que ciertos estereotipos sobre las naciones ricas y pobres no son necesariamente aplicables. Países como Rusia, China, y Etiopía prohíben el matrimonio antes de los 18 años, mientras que en gran parte de América esto es permitido «con el consentimiento de los padres».

100. ¿Qué se puede deducir del párrafo?

(A) En China y Rusia hay muchas bodas.

(B) El párrafo sugiere que continúan las bodas infantiles aún en el Siglo XXI, sorpresivamente tanto en países establecidos, así como en naciones emergentes.

(C) La Fundación Clinton es una organización importante dedicada al cuidado y bienestar de las niñas alrededor del mundo.

(D) El matrimonio antes de los 18 años limita el potencial máximo de las niñas, afectando la salud, educación y seguridad.

Se cree que el tenedor llegó a Occidente procedente de Constantinopla en el siglo XI. Cuando Teodora, hija del emperador Constantino X Ducas, contrajo nupcias con el Dux Doménico Selvo. Sin embargo, Teodora, era señalada como escandalosa e incoherente debido a esta y otras costumbres por lo que autoridades eclesiásticas, llamaron a dicho utensilio «instrumentum diaboli», que en Español significa «instrumento diabólico».

101. ¿A qué se refiere la palabra «utensilio» en la quinta línea?

(A) A Constantinopla.

(B) Al tenedor.

(C) A instrumentum diaboli.

(D) A las costumbres.

1.- No casarse. Este contrato quedará automáticamente anulado y sin efecto si la maestra se casa. 2.- No andar en compañía de hombres. 3.- Estar en su casa entre las 8:00 de la noche y las 6:00 de la mañana a menos que sea para atender alguna función escolar. 4.- No pasearse por las heladerías del centro de la ciudad. 5.- No abandonar la ciudad bajo ningún concepto sin permiso del presidente del Consejo de Delegados. 6.- No fumar. Este contrato quedará automáticamente anulado y sin efecto si se encontrara a la maestra fumando. 7.- No beber cerveza ni vino ni whisky. Este contrato quedará automáticamente anulado y sin efecto si se encontrara a la maestra bebiendo cerveza o vino o whisky. 8.- No viajar en coche o en automóvil con ningún hombre con excepto de su hermano o su padre. 9.- No usar ropa de color brillante. 10.- No teñirse el cabello. 11.- No usar polvos faciales ni pintarse los labios.

~Saltillo de Coahuila de Zaragoza, 1923.

102. ¿Qué tipo de documento se infiere que es?

(A) Una carta de amor.

(B) Un contrato del año de 1923.

(C) Un anuncio de publicidad de 1923.

(D) Un contrato de bomberos.

103. ¿Cuál de las siguientes opciones es motivo para anular tal contrato?

(A) Maquillarse.

(B) Ejercitarse.

(C) Cantar.

(D) Bailar.

La Isla de Pascua, localizada en la Polinesia en medio del océano Pacífico, es la isla chilena más grande.

Actualmente, cuenta con una población de 5035 habitantes, todos ellos concentrados en la ciudad de Hanga Roa. La característica principal de este poblado son las esculturas misteriosas conocidas como «Moáis». Se conocen más de 900, mismas que se cree, fueron esculpidas por los «rapa nui», los habitantes aborígenes del lugar. Labradas en «toba» volcánica, algunas de ellas no terminadas, su significado es aún incierto. El nombre completo de las estatuas en su idioma original es «Moai Aringa Ora» que significa «rostro vivo de los ancestros». Lo que sugiere que fueron esculpidas para representar a Gobernantes y antepasados importantes. Los reyes poseían este poder de manera innata; otros podían adquirirlo realizando una serie de hazañas extraordinarias que involucraban principalmente, la resistencia física. Dichas esculturas fueron esculpidas en distintos tamaños y con características distintas. Éstas eran esculpidas sobre la roca volcánica en el cráter mismo, después cinceladas por la espalda para desprenderlas de sus nichos para posteriormente ser transportadas hasta el lugar que les pertenecía. La mayoría de ellas, de espaldas al mar. Es, sin duda, un lugar lleno de misterio y riqueza cultural, siendo uno de los atractivos turísticos principales del mundo.

104. ¿Cómo se les llama a los aborígenes de La Isla de Pascua?

(A) Moáis.

(B) Hanga Roas.

(C) Rapa Nui.

(D) Pascuenses.

105. ¿Qué significa la palabra «innata» en la octava línea?

(A) Del lugar.

(B) Aborígenes.

(C) De nacimiento.

(D) Cultural.

106. ¿De qué material están hechas las esculturas?

(A) De oro.

(B) Piedra volcánica.

(C) De plata.

(D) De arcilla.

Cuando los marcianos no hablan

Uno de los desafíos más grandes para los hombres es interpretar correctamente y apoyar a una mujer cuando habla de sus sentimientos. El mayor desafío para las mujeres es interpretar correctamente y apoyar a un hombre cuando no habla. El silencio resulta muy fácilmente malinterpretado por las mujeres. Hombres y mujeres piensan y procesan información en forma muy diferente. Las mujeres piensan en voz alta compartiendo su proceso de descubrimiento interior con un oyente interesado. Aún hoy, una mujer a menudo descubre qué quiere decir a través del proceso verbal simple. Este proceso de dejar simplemente que los pensamientos fluyan en libertad y expresarlos en voz alta, la ayuda en obtener provecho de su intuición. Este proceso es perfectamente normal y a veces especialmente necesario.

Pero los hombres procesan la información en forma muy diferente. Antes de hablar o responder, «meditan» o piensan en lo que escucharon o experimentaron. Interna y silenciosamente imaginan la respuesta más correcta y útil. Primero la formulan en su interior y luego la expresan. Este proceso podría tomar minutos u horas y para confundir aún más a las mujeres, si no tienen suficiente información para procesar una respuesta, pueden llegar a no responder.

Las mujeres necesitan entender que cuando él está en silencio, está diciendo: «Todavía no sé qué decir, pero estoy pensando en ello». En lugar de eso, ellas escuchan: «No te estoy respondiendo porque tú no me importas y yo voy a ignorarte. Lo que me has dicho no es importante y por lo tanto no responderé».

~John Gray, Los hombres son de Marte y las mujeres son de Venus, 1995.

107. ¿Cuál es el tema principal del texto?

(A) Los marcianos.

(B) Los extraterrestres.

(C) Los procesos mentales.

(D) Las mujeres.

108. Según el texto ¿Cómo procesan la información los hombres?

(A) Diferente.

(B) «Meditan».

(C) Rápido.

(D) Muy rápidamente.

109. ¿Cuál es el mayor desafío para las mujeres?

(A) Interpretar y apoyar correctamente a un hombre cuando habla de sus sentimientos.

(B) Interpretar y apoyar correctamente a un hombre cuando medita.

(C) Interpretar y apoyar correctamente a un hombre cuando no habla.

(D) Interpretar y apoyar correctamente a un hombre en la toma de decisiones.

110. ¿Qué sucede cuando los hombres se mantienen en silencio?

(A) Están formulando una pregunta para expresarla.

(B) Las mujeres lo malinterpretan y se enojan.

(C) Están formulando una respuesta para expresarla.

(D) Las mujeres están formulando una respuesta para expresarla.

111. ¿A qué se refiere la frase «piensan en voz alta» en la línea 5?

(A) Son ruidosas.

(B) Externan sus sentimientos y sus pensamientos.

(C) Hablan mucho.

(D) Piensan más rápido que los demás.

112. ¿Cuánto dura el procesamiento de pensamientos en el género masculino?

(A) Una hora.

(B) Minutos y horas.

(C) 30 minutos.

(D) Un minuto.

113. ¿Cómo traducen las mujeres el silencio en los hombres?

(A) Como falta de interés de los hombres por los sentimientos y pensamientos de las mujeres.

(B) Como ignorancia y miedo a responder acertadamente a los sentimientos de las mujeres.

(C) Saben que los hombres necesitan tiempo para meditar y procesar la información.

(D) Saben que los hombres tienen problemas para interpretar los sentimientos correctamente.

El pensamiento es esa pérdida de tiempo que tiene lugar entre el momento en que percibimos algo y el momento en que sabemos cómo manejarnos con respecto a lo percibido. Es un espacio de tiempo ocupado por la serie de ideas que se van sucediendo, una a partir de la otra, cuando intentamos elaborar la situación que nos resulta desconocida hasta transformarla en algo conocido que sabemos cómo enfrentar. Más tarde, el hombre aprende a recrearse jugando con las ideas por el placer de hacerlo. Pero la finalidad biológica fundamental del pensamiento consiste en capacitar al organismo vivo para sobrevivir, procurándose todo aquello que necesita y alejándose de lo que le representa un peligro. De lo que se trata es de saber cómo reaccionar ante una situación: ¿Será conveniente abalanzarse con avidez o retroceder con recelo?

Tres son los pensamientos básicos que utilizan los seres vivos a fin de conocer las cosas lo bastante como para reaccionar ante ellas en forma apropiada.

1. *Instinto: Es una reacción fija, integrada de tal modo que el organismo, ante una situación determinada, producirá automáticamente una respuesta determinada. Es directa, es automática, es inmutable como la iluminación de un ambiente cuando encendemos la luz. No se requiere ningún aprendizaje.*

2. *Aprendizaje: Existen dos tipos de aprendizaje: De primera mano y de segunda mano. El aprendizaje de primera mano es un proceso lento por medio del cual un organismo encuentra la respuesta conveniente a una situación mediante ensayo y error. Así un secretario descubre cómo es que su patrón prefiere que las cartas a los clientes sean escritas. El gato aprende a regresar al hogar y el jugador de tenis a sacar la pelota. Por otra parte, el aprendizaje de segunda mano es una especie de instinto artificial. Conlleva respuestas inmediatas para situaciones, sin necesidad de pasar por el proceso lento de prueba y error. Es un tipo de aprendizaje transmitido, proviene de la televisión, y de la escuela.*

3. *Comprensión: ¿Qué sucede cuando lo que se nos presenta, es una situación desconocida, nueva 27 totalmente para nuestra mente para la cual no tenemos respuesta? La comprensión es el proceso por el cual transformamos una situación desconocida en una situación conocida, para saber así cómo reaccionar ante ella. Proceso mediante el cual, se pasa de una idea a otra, con tal de afianzarla en la psique. El pasar de ideas es el pensamiento. Y comprender es pensar.*

114. ¿Cuáles son los tres pensamientos básicos que utilizan los seres vivos para reaccionar?

(A) Pensar, aprender, y comprender.

(B) Pensar, actuar, e iluminar.

(C) Responder, comprender, y aprender.

(D) Aprender, comprender, e intuir.

115. Según la lectura, ¿Qué es el pensamiento?

(A) Una pérdida de tiempo.

(B) El momento entre percibir y actuar con respecto a lo percibido.

(C) Es un espacio de tiempo ocupado por cosas que suceden alrededor.

(D) Las situaciones que suceden una detrás de la otra.

116. ¿A qué se refiere la frase, «como la iluminación de un ambiente cuando encendemos la luz»?

(A) La energía eléctrica es rápida y costosa.

(B) Es una manera de relacionar a, y explicar el concepto mediante la metáfora.

(C) Los ambientes con iluminación son automáticos y dinámicos.

(D) El pensamiento en general es tan rápido como la luz.

117. ¿Cómo se describe el aprendizaje de segunda mano?

(A) Se aprende por medio de la televisión y de la escuela.

(B) Los gatos aprenden a llegar a su hogar de segunda mano.

(C) Es un tipo de inteligencia artificial que se encuentra en la mente de los humanos.

(D) Es un tipo de aprendizaje transmitido y se efectúa por medio de respuestas inmediatas.

118. ¿Con cuál de las siguientes opciones se asemeja a la palabra, «totalmente» en la línea 27?

(A) Absoluto.

(B) Suma.

(C) Resultado.

(D) Único.

119. ¿Cuál es el tipo de pensamiento para el cual no se requiere aprendizaje?

(A) Instinto.

(B) Pensamiento.

(C) Comprensión.

(D) Aprendizaje.

120. ¿A qué se refiere la palabra, «psique» en la última línea?

(A) Al alma.

(B) Al cerebro.

(C) A la mente.

(D) Al pensamiento.

ANSWER KEY for Sample Test One

Question Number	Correct Answer	Your Answer
1	C	
2	B	
3	D	
4	A	
5	C	
6	D	
7	A	
8	D	
9	A	
10	C	
11	D	
12	B	
13	B	
14	A	
15	C	
16	A	
17	D	
18	C	
19	B	
20	D	
21	B	
22	B	
23	A	
24	D	
25	C	
26	B	
27	B	
28	D	
29	B	
30	C	
31	D	
32	B	
33	A	
34	C	
35	A	
36	A	
37	A	
38	D	
39	B	
40	C	

Question Number	Correct Answer	Your Answer
41	D	
42	B	
43	D	
44	D	
45	B	
46	D	
47	D	
48	A	
49	B	
50	C	
51	C	
52	D	
53	A	
54	C	
55	C	
56	D	
57	C	
58	B	
59	A	
60	D	
61	C	
62	D	
63	B	
64	B	
65	C	
66	B	
67	D	
68	C	
69	A	
70	D	
71	B	
72	B	
73	D	
74	B	
75	C	
76	B	
77	D	
78	B	
79	C	
80	C	

Question Number	Correct Answer	Your Answer
81	A	
82	A	
83	D	
84	A	
85	A	
86	C	
87	B	
88	C	
89	B	
90	D	
91	A	
92	A	
93	C	
94	D	
95	A	
96	B	
97	C	
98	C	
99	A	
100	B	
101	B	
102	B	
103	A	
104	C	
105	C	
106	B	
107	C	
108	B	
109	C	
110	B	
111	B	
112	B	
113	A	
114	A	
115	B	
116	B	
117	C	
118	C	
119	A	
120	C	

EXPLANATIONS for Sample Test One

Listening: Dialogues and Narratives

19. ¿Qué países conoce Andrés?

(A) Italia, Francia y España

(B) Casi toda Europa excepto los países Bajos

(C) Países Bajos

(D) Alemania, Inglaterra y Suecia

La respuesta correcta es la B.
La respuesta correcta es la B, porque Andrés nunca ha viajado a los Países Bajos.

20. ¿A qué se dedica Mónica?

(A) A servir bebidas y comidas

(B) Es compañera de trabajo de Andrés

(C) Ella no menciona su actividad

(D) Es amiga de Andrés

La respuesta correcta es la D.
La respuesta correcta es la D, ya que en el título del diálogo se indica que ambos son amigos.

21. Además de servir bebidas y comidas, ¿Qué otros servicios se prestan en los vuelos?

(A) Asesorar a los pasajeros en el uso del baño

(B) Dar recomendaciones sobre el comportamiento de los pasajeros durante el vuelo

(C) Verificar los tiquetes de vuelo de los pasajeros

(D) No se presta ningún servicio adicional

La respuesta correcta es la B.
La respuesta correcta es la B, porque en el servicio adicional se cercioran que los pasajeros cumplan las reglas de seguridad.

22. ¿Qué desea Laura al ingresar al Centro Médico?

(A) Que el vigilante le saque la muela

(B) Que le presten el servicio de inmediato

(C) Que la afilien al sistema de salud

(D) Que atiendan a su madre urgentemente

La respuesta correcta es la B.
La respuesta correcta es la B, porque Laura tiene un dolor de muela muy fuerte.

23. ¿Qué le solicita el vigilante a Laura?

(A) Sus datos personales

(B) La dirección de ella

(C) Los datos personales de su madre

(D) Su nombre y el número telefónico

La respuesta correcta es la A.
La respuesta correcta es la A, ya que el vigilante requiere su nombre y número de identificación.

24. ¿Quién se sienta en las sillas del pasillo?

(A) La madre de Laura

(B) La doctora

(C) Laura y su madre

(D) La paciente

La respuesta correcta es la D.
La respuesta correcta es la D, porque Laura es la paciente.

25. ¿Las dos mujeres del diálogo son?

(A) Primas

(B) Hermanas

(C) Compañeras

(D) Familiares

La respuesta correcta es la C.
La respuesta correcta es la C, porque ambas son amigas.

26. ¿Por qué está preocupada una de las mujeres?

(A) Porque no ha tenido tiempo de estudiar

(B) Porque no entiende el tema de la prueba

(C) Porque perdió el examen

(D) Porque su profesor diseña exámenes muy difíciles de pasar

La respuesta correcta es la B.
La respuesta correcta es la B, porque ella no entiende el tema y prueba es un sinónimo de examen.

27. Mencione las razones por lo que el tema tiene dificultad:

(A) Tiene muchos temas de matemática y física

(B) Son inconcretos y ella no le entiende a su profesor

(C) Ella no entiende el idioma del profesor

(D) Ella ha faltado a varias clases

La respuesta correcta es la B.
La respuesta correcta es la B, porque abstractos es sinónimo de inconcreto y el profesor no explica muy bien.

28. ¿Qué le va a compartir Felipe a Claudia?

(A) Unas golosinas muy exquisitas

(B) Las nuevas estrategias que tiene la Compañía

(C) Le va a decir que la empresa tiene nuevos clientes

(D) Una información muy importante

La respuesta correcta es la D.
La respuesta correcta es la D, porque al principio del texto mencionan que Felipe le va a compartir una información.

29. Lo que le dice Felipe a Claudia tiene que ver con:

(A) Las ventas altas y el dinamismo de la competencia

(B) Las ventas bajas y la intensidad de la competencia

(C) Las ventas y la competencia fuerte

(D) Las ventas y la competencia

La respuesta correcta es la B.
La respuesta correcta es la B, porque es la respuesta más completa y porque intensidad es sinónimo de fuerte.

30. ¿Por qué afectaría a los empleados de la Empresa, el anuncio que dio el gerente?

(A) No, porque el cierre de sucursales no afectará los empleos

(B) No, porque la nuevas sucursales generarán más empleos

(C) Sí, porque el cierre de las sucursales provocará despidos

(D) Sí, porque el cierre de las sucursales generará caos

La respuesta correcta es la C.
La respuesta correcta es la C, porque habrá despidos con el cierre de las sucursales.

31. ¿Cómo le fue en el viaje a Jacobo?

(A) Tuvo muchos inconvenientes

(B) Le fue muy bien pero a su esposa no le gusto la ciudad

(C) Le dio mucha rabia porque le fue mal

(D) Muy bien, pero le dio tristeza porque su amiga no fue

La respuesta correcta es la D.
La respuesta correcta es la D porque ambas respuestas son correctas de acuerdo a lo que mencionan en el texto.

32. ¿Por qué no fue Luciana al viaje?

(A) Porque su esposo estaba muy indispuesto

(B) Porque el esposo debía ir al Doctor y ella debía presentar informes

(C) Porque no tenía dinero

(D) Porque al pagar las deudas no le quedo dinero

La respuesta correcta es la B.
La respuesta correcta es la B, porque el esposo estaba enfermo y debía visitar al Doctor y Luciana tenía que presentar unos informes en el trabajo.

33. ¿En qué se destaca Venecia?

(A) En sus paisajes, hoteles, canales y gastronomía

(B) En sus canales, hoteles y gastronomía

(C) En su gastronomía, paisajes y canales

(D) Por su laguna adriático

La respuesta correcta es la A.
La respuesta correcta es la A, porque mencionan todas sus características.

34. ¿Qué beneficios le ha traído WhatsApp a las empresas de comunicaciones?

(A) Los usuarios se pueden comunicar en Tiempo Real

(B) Ha generado más empleo dentro de las compañías

(C) Al contrario, WhatsApp las está afectando

(D) Ha obligado a hacer alianzas entre las compañías

La respuesta correcta es la C.
La respuesta correcta es la C, porque ha perjudicado las compañías con sus servicios gratuitos.

35. ¿Por qué medio de conexión funciona WhatsApp?

(A) Wifi, 2G, 3G

(B) 2G, 1G, 4G

(C) Wifi, 3G ,4G

(D) Wifi, 2G,4G

La respuesta correcta es la A.
La respuesta correcta es la A, porque en el texto solo se menciona Wifi, 2G y 3G.

36. ¿En la actualidad cuántos usuarios activos tiene WhatsApp?

(A) Medio millón de usuarios

(B) Mil quinientos millones de usuarios

(C) Quinientos millones de usuarios

(D) Un millón de usuarios

La respuesta correcta es la A.
La respuesta correcta es la A, ya que medio millón equivale a quinientos mil.

Sample Test One

37. ¿Qué produce el ejercicio?

(A) Una mente y un cuerpo sano, y contribuye al equilibrio de las emociones

(B) Oxigena el cerebro y quema calorías

(C) Aumenta los niveles de energía y ayuda a la concentración

(D) Mejora la capacidad mental para desarrollar efectivamente las actividades cotidianas

La respuesta correcta es la A.
La respuesta correcta es la A, porque a pesar de que todas las respuestas son afirmativas, solo la primera es la que mencionan en el texto.

38. ¿Qué recomiendan los expertos?

(A) Caminar durante 60 minutos cada día

(B) Hacer 70 minutos de ejercicio cada día

(C) Trotar media hora y caminar otra media hora

(D) Hacer una hora de ejercicio cada día

La respuesta correcta es la D.
La respuesta correcta es la D, porque 60 minutos equivale a 1 hora.

39. Según la narración, cuántas son las personas que están practicando ejercicio:

(A) El 75 por ciento de la población si lo practica

(B) La cuarta parte de la población si lo practica

(C) La mitad de la población lo practica dos veces al día

(D) El 50 por ciento de la población si lo practica

La respuesta correcta es la B.
La respuesta correcta es la B porque en el texto mencionan que solo el 15% de la población están practicando ejercicio.

40. ¿Cómo perjudica el hombre al planeta tierra?

(A) Con los desperdicios que emiten las empresas

(B) Con el uso de trenes

(C) Con la utilización de tecnologías

(D) Con el arrojo de basuras a los ríos

La respuesta correcta es la C.
La respuesta correcta es la C porque se infiere del texto que cualquier herramienta tecnológica es moderna.

41. ¿Cuáles especies se están extinguiendo debido al cambio climático?

(A) Los jaguares

(B) La flora y fauna amazónica

(C) Todas las especies del África

(D) La fauna y flora de todos los continentes

La respuesta correcta es la D.
La respuesta correcta es la D, porque se perjudican todas las especies del mundo.

42. ¿El calentamiento global está disminuyendo?

(A) Sí, porque el hombre se ha concientizado para cuidar el planeta

(B) No, porque los humanos los aumentan con sus actividades.

(C) Sí, porque la contaminación lo disminuye cada día.

(D) No, al contrario, los humanos están derrumbando los bosques

La respuesta correcta es la B.
La respuesta correcta es la B, porque el hombre está aumentando el cambio climático con sus actividades.

43. ¿Qué religiones se mencionan en el texto?

(A) El Hinduismo

(B) El Cristianismo

(C) El Budismo

(D) Todas las religiones

La respuesta correcta es la D.
La respuesta correcta es la D porque no se particulariza ninguna.

44. ¿Por qué las religiones están en su mejor momento?

(A) Porque debido a la violencia, las religiones juegan un papel de liderazgo en la generación de paz

(B) Porque la Fe es la tendencia actual

(C) Porque hay más construcciones de templos e iglesias

(D) Porque debido a las enfermedades emocionales del siglo XXI, las personas buscan en quien tener Fe.

La respuesta correcta es la D.
La respuesta correcta es la D, porque debido a las enfermedades actuales, las personas buscan un Dios.

45. ¿De qué manera las religiones están inculcando la Fe en las personas?

(A) Guiando al hombre hacia la paz

(B) Enseñando el camino de lo divino a través de la redención

(C) Mostrando testimonios de personas que han conseguido la felicidad

(D) Dando herramientas para aprender a orar o meditar

La respuesta correcta es la B.
La respuesta correcta es la B, porque se enseña el camino a la salvación.

46. Una persona que va de compras constantemente es:

(A) Un comprador generoso

(B) Feliz

(C) Satisface todas sus necesidades

(D) Padece un trastorno psicológico

La respuesta correcta es la D.
La respuesta correcta es la D, porque el comprador compulsivo padece de un trastorno psicológico.

47. ¿Cuál es la causa por la que una persona se convierte en un comprador compulsivo?

(A) La falta de gastarse el dinero

(B) El pensamiento consumista

(C) Estados del comprador compulsivo después de ir de compras

(D) Los trastornos emocionales

La respuesta correcta es la D.
La respuesta correcta es la D, porque la depresión y la ansiedad que son las que mencionan en la narración son trastornos emocionales.

48. ¿Cuál es la verdadera problemática que refleja la narración?

(A) Los daños que puede causar comprar exageradamente

(B) Los trastornos emocionales

(C) Cómo debemos invertir nuestro dinero

(D) Qué lugares debemos visitar para hacer compras

La respuesta correcta es la A.

Reading Part A: Discreet Sentences

49. Aquellos libros son ____ Juan Carlos.

(A) encima

(B) para

(C) dentro

(D) por

La respuesta correcta es la B.

Porque la preposición para se utiliza para indicar posesión de un elemento o cosa.

50. Mi abuela se ____ de cólera hace dos años.

(A) enferma

(B) enfermera

(C) enfermó

(D) enfermaron

La respuesta correcta es la C.

Ya que se indica un momento en el pasado "hace 2 años", lo cual corresponde a un verbo en pasado simple. Mientras que la opción A señala que el enfermarse del cólera es una acción recurrente del sujeto, lo cual no es factible. La opción B refiere a un sujeto (un profesionista) y la opción D indica a la 3ª persona del plural. Por lo tanto, la respuesta correcta es la opción C.

51. Maud Wagner es la ____ tatuadora reconocida en los Estados Unidos.

(A) primeras

(B) primero

(C) primera

(D) primeros

La respuesta correcta es la C.
Es la única de las opciones en indicar singular y género femenino, lo cual va a acorde al sujeto "tatuadora".

52. La Tierra ____ alrededor del Sol todos los días.

(A) giró

(B) girar

(C) giraba

(D) gira

La respuesta correcta es la D.
Es la única de las opciones que, al encontrarse el verbo en primera persona del presente simple, describe una actividad cotidiana. Es decir, una "verdad general", una acción que sucede todos los días.

TIP: Todas las palabras que terminen en -mente son adverbios.

53. Julieta es capaz de memorizar datos ____ .

(A) fácilmente.

(B) facilidad.

(C) facílmente.

(D) fácil.

La respuesta correcta es la A.
Ya que "fácilmente", al ser un adverbio, describe al verbo "memorizar". Para identificar adverbios hay que hacerse la pregunta sobre el verbo ¿Cómo memoriza? = fácilmente. A diferencia de la respuesta B, la respuesta A se encuentra correctamente acentuada al ser una palabra sobre-esdrújula (más de 4 sílabas). Recuérdese que todas las palabras sobre-esdrújulas, cuya sílaba tónica se encuentre en la 4 sílaba o mayor, se acentúan.

54. Ernesto y Ramón ____ estado hablando sobre política durante toda la reunión.

(A) a

(B) ha

(C) han

(D) hemos

La respuesta correcta es la C.
Es la única de las opciones que indica al verbo en presente perfecto progresivo/continuo, en segunda persona del plural. Se sabe que es presente perfecto progresivo/continuo por el verbo auxiliar "estado" que indica el tiempo perfecto y "hablando" el cual indica el gerundio (tiempo progresivo/continuo). Recuérdese que las terminaciones -ando, -endo y -iendo, señalan dicho tiempo. En cuanto a la segunda persona del plural, se encuentra indicada por los sujetos "Ernesto y Ramón".

55. La ____ aun y cuando no sea metálica, puede llegar a ser pesada. De ahí su nombre, que proviene de la palabra griega baros. Tiene diversos usos en la industria automotriz y médica.

(A) varita

(B) varitas

(C) barita

(D) baritas

La respuesta correcta es la C.
En esta oración se hace referencia al elemento mineral, no metálico. Es deducible la respuesta al identificar la pista que se proporciona en la parte donde se lee " . . .proviene de la palabra griega 'baros' . . ." Misma que significa "pesado". Por lo que se infiere que la respuesta correcta es la opción C. A diferencia de la opción D que se encuentra en plural. El artículo en singular "La", indica que el sujeto se encuentra en singular. En cuanto a las opciones A y B, se refieren a la herramienta en forma de palo comúnmente asociada con la magia, siendo erróneas, ya que los elementos del párrafo claramente indican que se trata de un elemento mineral no metálico.

56. ¿Quiénes se ____ al vecindario la semana pasada?

(A) viene

(B) trae

(C) están

(D) mudaron

La respuesta correcta es la D.
El pronombre interrogativo en plural "quienes "indica que el verbo deberá ir en plural, por lo que las opciones A y B se eliminan. Dejando así la opción C y D como posibles respuestas correctas. Al prestar atención al complemento circunstancial de tiempo "la semana pasada", éste indica que el verbo deberá encontrarse en pasado.

57. Yo estaba ____ la ropa sucia mientras tú cocinabas.

(A) lavar

(B) planchando

(C) lavando

(D) habiendo planchado

La respuesta correcta es la C.
La oración indica que 2 acciones sucedían simultánea y progresivamente en un tiempo pasado indefinido.

La oración señala 2 acciones simultáneas con la palabra "mientras". La cual es un adverbio de tiempo, mismo que une ambas acciones.

Las acciones son progresivas: indicado por el verbo auxiliar del imperfecto continuo/progresivo "estaba", lo cual sugiere un verbo complementario en gerundio (tiempo progresivo/continuo).

Una vez que el tiempo en que está escrita la oración se ha identificado, se descartan las opciones A y D. Dejando así, las opciones B y C como posibles respuestas correctas. Sin embargo, en la oración se lee "la ropa sucia", la cual es más factible a ser lavada que planchada. Las personas normalmente lavan la ropa sucia y después la planchan, una vez que ya está limpia. Por lo que la respuesta C es la correcta.

58. A mí me gusta escuchar ____ radio ____ enterarme de las noticias Internacionales.

(A) el, por

(B) la, para

(C) el, debido a

(D) el, para

La respuesta correcta es la B.
En esta oración la palabra "radio" pertenece al género femenino ya que se refiere a la frecuencia sonora emitida por una radiodifusora, escuchada a través de un aparato llamado radio, por lo tanto la respuesta correcta es B: "la radio", antecediéndole el artículo "la". Si se estuviese haciendo referencia a la distancia que existe desde el centro de un círculo hasta su circunferencia, entonces la respuesta correcta sería "el radio", mismo que pertenece al género masculino.

Mientras que la preposición "para" indica finalidad. La finalidad en este caso es "enterarme de las noticias". De ahí que, las opciones "por" y "debido a", sean incorrectas.

59. Marcelo ____ Hilda se conocen ____ que tenían cinco años de edad.

(A) e, desde

(B) y, desde

(C) e, por

(D) y, durante

La respuesta correcta es la A.
Las conjunciones "y", "e", "ni" y "que" pertenecen a la categoría de conjunciones copulativas. Las cuales indican suma o acumulación. En la oración se habla de 2 personas., de Marcelo y de Hilda. Se utiliza la conjunción "e" ya que, fonéticamente, la siguiente palabra comienza con el sonido "i". Por lo que "y" se convierte en "e". Sería fonética y gramaticalmente incorrecto seleccionar la conjunción "y".

Por otro lado, la preposición "desde" es la correcta, ya que es la única de las opciones que indica tiempo: una fecha específica en el pasado. Mientras que las opciones "por" y "durante" indican lapsos de tiempo y no una fecha específica en el pasado.

60. Aun y cuando no ____ limpiar la casa, lo tienen que hacer.

(A) quieres

(B) quiera

(C) querer

(D) quieran

La respuesta correcta es la D.
El sujeto tácito indicado en la parte de oración en la que se lee "lo tienen", se refiere a la segunda persona del plural, lo que indica que el primer verbo deberá escribirse en segunda persona del plural. Por lo que "quieran" es la respuesta correcta. Ya que la opción A "quieres" se refiere a la segunda persona del singular, la opción B a la primera persona del singular y la opción C es el verbo en infinitivo.

61. ____ papá quiere verte enseguida.

(A) tu

(B) Tú

(C) Tu

(D) tús

La respuesta correcta es la C.
La palabra "tu" se acentúa cuando es pronombre, como se muestra en la opción B. Sin embargo, en este caso, la oración indica que se trata de un adjetivo posesivo, por lo que no se acentúa. La opción A, aun y cuando no conserva la tilde, se muestra en minúsculas. Siendo que la palabra se sitúa al inicio de la oración, esta debiese comenzar con mayúscula. Por lo que la respuesta C aparece como la correcta. La opción D no existe.

62. Los aviones son ____ .

(A) guapas.

(B) metálicas.

(C) perezosos.

(D) rápidos.

La respuesta correcta es la D.
El adjetivo que mejor califica al sustantivo, en este caso "Los aviones", es rápidos ya que indica un adjetivo calificativo en plural y masculino que va acorde al sujeto.

63. ____ no sabían que yo había ganado el concurso, hasta que Tomás les dio la noticia.

(A) Todavía

(B) Ellos

(C) María

(D) Para

La respuesta correcta es la B.
El prenombre personal "ellos", equivale a la conjugación de la tercera persona del plural del verbo saber.

64. ____ tuvieron una ____ discusión sobre política.

(A) María y Juan, débil

(B) Antonella y Mario, fuerte

(C) Carlos y Brenda, apoderada

(D) María y Juan, sencilla

La respuesta correcta es la B.
La respuesta más indicada es la opción B porque, el adjetivo "fuerte" es el que contrasta con el sustantivo discusión, ya que la definición de esta última hace referencia a una conversación donde se defienden diferentes puntos de vista y opiniones.

65. ¿Cuál es el predicado en la siguiente oración?
Ana María y sus hermanas son las hijas del dueño de la hacienda.

(A) Ana María y sus hermanas son

(B) Ana María

(C) son las hijas del dueño de la hacienda

(D) las hijas de dueño de la hacienda

La respuesta correcta es la C.
El predicado describe lo que es o hace el sujeto, ésta parte de la oración contiene el verbo que indica la acción del mismo, por consiguiente en esta pregunta la respuesta indicada es la C ya que el verbo "son" especifica la acción relacionada con el sujeto "Ana María y sus hermanas".

66. Todos me dijeron que en el festival bailé estupendamente.
La palabra subrayada es:

(A) adjetivo.

(B) adverbio.

(C) complemento circunstancial de modo.

(D) B y C.

La respuesta correcta es la B.
Porque los adverbios terminan en mente y son los que describen la parte de la oración que modifica el significado del verbo.

67. _____ niño tiene gripe.

(A) La

(B) Los

(C) Las

(D) El

La respuesta correcta es la D.
Porque el artículo indeterminado "El" va antes del sustantivo con el fin de clasificar la palabra niño como género masculino y singular.

Reading Part B: Short Cloze Passages

I. **__68__ Dálmata es una __69__de perros originarios de la histórica región de Dalmacia. __70__ característica principal es el __71__ blanco con manchas negras.**

68. (A) Un
(B) Los
(C) El
(D) La

69. (A) raza
(B) rasa
(C) razo
(D) raso

70. (A) Una
(B) Sus
(C) Unos
(D) Los

71. (A) pelos
(B) pelaje
(C) cabello
(D) cabellera

68. La respuesta correcta es la C.
EL sustantivo Dálmata es singular y masculino y la única respuesta que se asocia correctamente a éste, es aquella que corresponde al artículo "El", ya que además de cumplir con las condiciones anteriores, también le brinda coherencia a la oración.

69. La respuesta correcta es la A.
La respuesta correcta es la A, debido a que esta precedido por la preposición "una" que indica que la siguiente palabra debe ir en singular.

70. La respuesta correcta es la D.
Esta es la respuesta correcta debido a que "su" es un determinante posesivo que está asociado con la tercera persona distinta a la persona que habla o escribe, en este caso específico característica está en singular y cumple con las condiciones anteriormente descritas.

71. La respuesta correcta es la B.
Pelaje es la palabra adecuada para describir el pelo o la lana de un animal.

II. A mi __72__ materna le dio el __73__ . La cual, es una enfermedad causada por un virus, altamente mortal. Quienes la padecen se quejan de un agudo dolor en la __74__ . Dicha enfermedad se detectó por primera vez en 1976 y desde entonces no se ha podido erradicar al __75__ porciento.

72. (A) abuelas
(B) abuela
(C) ebola
(D) ébola

73. (A) abuelas
(B) abuela
(C) ebola
(D) ébola

74. (A) cienes
(B) sien
(C) cien
(D) sienes

75. (A) cienes
(B) sien
(C) cien
(D) sienes

72. La respuesta correcta es la B.
Se utiliza el sustantivo abuela porque es la única opción que puede corresponder al adjetivo femenino y singular "materna" y que es relativo a la madre.

73. La respuesta correcta es la D.
La única opción válida es "Ébola" debido a que se recomienda escribirlo con artículo determinado en masculino y mayúscula inicial del sustantivo (virus del Ébola) por tratarse del nombre propio del río en el que se aisló por primera vez y además debe llevar tilde en la "É" para que al ser pronunciada lleve el acento adecuado.

74. La respuesta correcta es la B.
Al aparecer en el párrafo el sustantivo "dolor", se utiliza "sien" porque se refiere a cada una de las dos partes laterales de la cabeza, comprendidas entre la frente, la oreja y la mejilla.

75. La respuesta correcta es la C.
Al aparecer en el párrafo el sustantivo "porciento", se utiliza "cien" porque indica que el nombre al que acompaña o al que sustituye está exactamente 100 veces.

III. ***El ingenioso hidalgo Don Quijote de La Mancha*** **es la novela más publicada y __76__ de la historia después de La Biblia. La __77__ Miguel de Cervantes Saavedra. La segunda parte __78__ en 1615 y desde entonces ha influenciado la __79__ .**

76. (A) traducción
(B) traducida
(C) traduje
(D) tradujeron

77. (A) escribió
(B) escrita
(C) escritura
(D) han escrito

78. (A) apareció
(B) escribió
(C) mostró
(D) se perdió

79. (A) economía
(B) literatura
(C) publicidad
(D) mercadotecnia

76. La respuesta correcta es la B.
Se utiliza el adjetivo "traducida" porque se refiere a la novela, la cual es femenina y debe llevar la secuencia adjetival de "publicada".

77. La respuesta correcta es la D.
El verbo "escribió" en pasado es la forma correcta de la conjugación de la tercera persona del singular en masculino "´él", que es el equivalente a "Miguel de Cervantes Saavedra".

78. La respuesta correcta es la B.
Debido a que aparece una fecha y se hace referencia a un libro, se utiliza el verbo "aparecer" conjugado en el pasado de la tercera persona del singular en femenino "ella", que es el equivalente a "La novela".

79. La respuesta correcta es la C.
Como en el párrafo se habla sobre una novela, la palabra que tiene más lógica con la misma, es "literatura".

IV. Una pregunta frecuente en la medicina es ¿__80__ dan comezón las cicatrices? Se cree que es __81__ la piel se está regenerando y deshaciéndose del tejido muerto, generando comezón. Quienes pasan por esta situación se preocupan __82__ la cicatriz pueda infectarse. Información a fondo sobre el __83__ de dicho malestar puede ser encontrada en línea y libros referentes al tema.

80. (A) porque
(B) por que
(C) Por qué
(D) porqué

81. (A) porque
(B) por que
(C) Por qué
(D) porqué

82. (A) porque
(B) por que
(C) Por qué
(D) porqué

83. (A) porque
(B) por que
(C) Por qué
(D) porqué

80. La respuesta correcta es la C.
Se utiliza "¿Por qué?", porque es una locución adverbial que introduce una pregunta sobre la causa o el motivo de algo.

81. La respuesta correcta es la A.
Se usa "porque", porque es una conjunción que indica causa, fundamento o motivo.

82. La respuesta correcta es la A.
La palabra apropiada es "porque", debido a que es una conjunción que indica causa o fundamento.

83. La respuesta correcta es la D.
Se usa "el porqué", porque es un sustantivo masculino y equivale a la razón o motivo de una situación.

V. Leonor y yo __84__ conocemos desde la primaria. Ella vivía __85__ mi vecindario. Todos los días caminábamos juntas hacia la escuela. A veces la __86__ a jugar a __87__ casa.

84. (A) nos
(B) se
(C) las
(D) te

85. (A) por
(B) para
(C) entre
(D) de

86. (A) llamaba
(B) manchaba
(C) invitaba
(D) invité

87. (A) tu
(B) mi
(C) mí
(D) tú

84. La respuesta correcta es la A.
Debido a que Leonor y yo son equivalente a nosotros, el pronombre personal apropiado es "nos", ya que se utiliza en los verbos o construcciones pronominales cuando el sujeto es de primera persona del plural.

85. La respuesta correcta es la A.
Se usa "por", porque indica un lugar o tiempo aproximado, así como el tránsito por el mismo.

86. La respuesta correcta es la C.
El verbo transitivo apropiado es "invitar", debido a que significa ofrecer a una persona una cosa que se supone grata para ella.

87. La respuesta correcta es la B.
Se usa "mi", porque es la forma del determinante posesivo de primera persona del singular; indica que el nombre al que acompaña pertenece, se relaciona, está asociado, etc., con la persona que habla o escribe.

VI. Hay __88__ edificios históricos en esta calle. La biblioteca es la primera. __89__ museo está a la izquierda de la biblioteca.__90__ del museo está el teatro. El teatro es mi edificio favorito, porque es el más __91__ de todos, datando desde la época colonial.

88. (A) dos

(B) cuatro

(C) tres

(D) uno

89. (A) Un

(B) El

(C) Allá

(D) Ahí

90. (A) Encima

(B) Sobre

(C) Debajo

(D) Detrás

91. (A) antiguo

(B) descuidado

(C) nuevo

(D) sucio

88. La respuesta correcta es la C.

Según el tema de la oración, se establece que se necesita un adjetivo plural. La respuesta «tres» ofrece un adjetivo singular y no es correcta. Aunque las respuestas A, B, y C ofrecen adjetivos plurales, según la información en la oración, la respuesta correcta es aquella ofrecida por medio de la respuesta C.

89. La respuesta correcta es la B.

Ya que sabemos que el sustantivo, «museo» está posicionado posteriormente de la palabra que falta, se establece que se necesita un artículo masculino singular para completar la oración. Las respuestas C y D ofrecen adverbios y no son correctas. La respuesta «El» ofrece un artículo indefinido y no es correcta. La única respuesta que ofrece el artículo masculino singular que se necesita es la respuesta B, y por esas razones es la correcta.

90. La respuesta correcta es la D.

Debido al tema del texto, la respuesta correcta es «Detrás», ya que sería mucho más posible que un teatro estaría ubicado detrás de un museo; en vez de encima de un museo, como se sugiere por medio de la respuesta A; sobre de un museo, como se sugiere por medio de la respuesta B; o debajo de un museo, como se sugiere por medio de la respuesta C.

91. La respuesta correcta es la A.

Dado que se necesita un adjetivo masculino singular para completar la oración, aunque todas las respuestas desde A hasta D proveen ese tipo de adjetivo, el más apropiado ya que el tema se refiere a la época colonial, es el adjetivo ofrecido por medio de la respuesta "antiguo".

Reading Part C: Reading Passages & Authentic Stimulus Material

(c) iStockphoto.com/AK2/3617014

92. ¿Qué objeto sostiene la mano?

(A) una cuchara.

(B) una vela.

(C) una pelota.

(D) un tenedor.

La respuesta correcta es la A.
El elemento que sostiene es una vela.

(c) iStockphoto.com/thomas-bethge/52988896

93. ¿Qué se observa en la imagen?

(A) teteras.

(B) una estufa.

(C) utensilios de cocina.

(D) comida.

La respuesta correcta es la C.
Los elementos en la imagen pertenecen a una cocina.

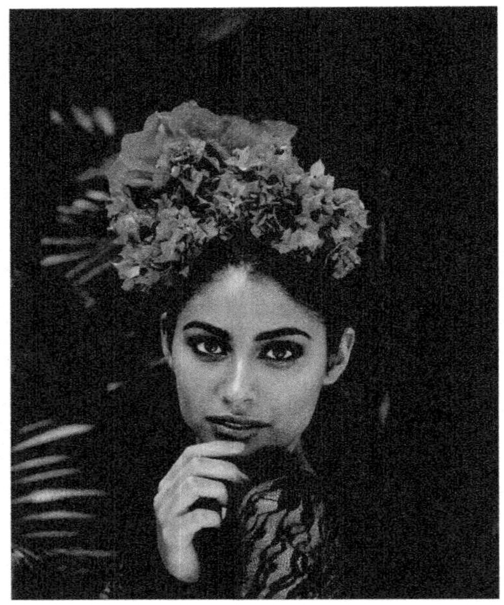

(c) iStockphoto.com/PeopleImages/43535256

94. ¿Qué tiene en la cabeza la mujer?

(A) una diadema.

(B) un sombrero.

(C) un tocado de flores.

(D) un moño.

La respuesta correcta es la D.
La mujer tiene en la cabeza un moño que es lazo de cintas en el cabello.

(c) iStockphoto.com/TriggerPhoto/63521757

95. ¿Cuál es el lugar de origen del sujeto?

(A) Nueva York.

(B) Cartagena.

(C) Barranquilla.

(D) Ciudad de México

La respuesta correcta es la A.
La estatua de la libertad se encuentra en Nueva York.

96. ¿A qué se dedicaba Nereo López Meza?

(A) Al reportaje.

(B) A la fotografía.

(C) Al modelaje.

(D) A vender sombreros.

La respuesta correcta es la B.
En el texto de la foto se menciona que Nereo era fotógrafo.

La Florida, que en 1819 había sido anexada a la gran federación americana, fue erigida en estado algunos años más tarde. Por esta anexión, el territorio estadounidense aumentó en una extensión de 67,000 millas cuadradas. En resumen, la Florida se presenta como un país aparte y hasta extraño, con sus habitantes mitad españoles, mitad americanos y sus indios seminolas, muy diferentes a sus congéneres del «Far West»'

~ *Julio Verne, 1887;* Norte contra Sur

97. ¿Cuál es el tema principal del párrafo?

(A) La guerra civil de los Estados Unidos.

(B) Los habitantes de Norteamérica.

(C) La anexión de la Florida a los Estados Unidos.

(D) La extensión territorial de los Estados Unidos.

La respuesta correcta es la C.

El texto hace énfasis consecutivamente en la anexión de la Florida a los Estados Unidos, la cual ayudo a crecer al territorio estadounidense.

Europa conocía a Asia desde la antigüedad, pero fue sólo después del descubrimiento de rutas comerciales nuevas en el Siglo XVI que los contactos entre los dos continentes se intensificaron. Como consecuencia de los relatos de los navegantes, de los exploradores y de los mercaderes que habían visitado aquellas tierras, surgió en Europa una gran curiosidad hacia los pueblos orientales. Fueron sobre todo los misioneros católicos quienes sirvieron de puente entre la civilización de China y del mundo europeo.

98. ¿Quiénes eran la conexión entre Asia y Europa?

(A) Los chinos.

(B) Los navegantes.

(C) Los misioneros católicos.

(D) Los comerciantes.

La respuesta correcta es la C.

Debido a que en el texto mencionan a China y el mundo europeo, y como China hace parte del continente asiático esta es la respuesta correcta, además puente hace referencia a la conexión que hubo que entre los dos países.

El artista neerlandés, Maurits C. Escher, nació en Leeuwarden el 17 de junio de 1898. Su padre George, era ingeniero civil y estaba casado en segundas nupcias. Su madre, Sarah, era hija de un ministro. Movido por su deseo de ser arquitecto, Escher se matriculó en la Escuela de Arquitectura y Artes Decorativas de Haarlem. Él es conocido mundialmente por sus grabados y obras gráficas expresas de efectos espaciales enigmáticos.

99. ¿Cuál era la profesión de Escher?

(A) Artista.

(B) Ministro.

(C) Arquitecto.

(D) Ingeniero Civil.

La respuesta correcta es la A.
A pesar de que Escher se matriculó en la escuela de Arquitectura, él es conocido mundialmente por sus grabados y obras gráficas, el cual se deduce que dedico su vida a esta profesión, para afirmar esta respuesta también al principio del texto la mencionan.

Al analizar el progreso de la mujer a través de variables cuantitativas, la Fundación Clinton lanzó un reporte extensivo sobre las regulaciones nupciales de cada país, donde se reveló—para sorpresa de muchos—que ciertos estereotipos sobre las naciones ricas y pobres no son necesariamente aplicables. Países como Rusia, China, y Etiopía prohíben el matrimonio antes de los 18 años, mientras que en gran parte de América esto es permitido «con el consentimiento de los padres».

100. ¿Qué se puede deducir del párrafo?

(A) En China y Rusia hay muchas bodas.

(B) El párrafo sugiere que continúan las bodas infantiles aún en el Siglo XXI, sorpresivamente tanto en países establecidos, así como en naciones emergentes.

(C) La Fundación Clinton es una organización importante dedicada al cuidado y bienestar de las niñas alrededor del mundo.

(D) El matrimonio antes de los 18 años limita el potencial máximo de las niñas, afectando la salud, educación y seguridad.

La respuesta correcta es B.

Al analizar el párrafo en su totalidad la opción B se presenta como la mejor respuesta posible. Se indica que "ciertos estereotipos de las naciones ricas y pobres no son necesariamente aplicables", siendo esta parte del texto decisiva para inferir que la opción B es la correcta.

Se cree que el tenedor llegó a Occidente procedente de Constantinopla en el siglo XI. Cuando Teodora, hija del emperador Constantino X Ducas, contrajo nupcias con el Dux Doménico Selvo. Sin embargo, Teodora, era señalada como escandalosa e incoherente debido a esta y otras costumbres por lo que autoridades eclesiásticas, llamaron a dicho utensilio «instrumentum diaboli», que en Español significa «instrumento diabólico».

101. ¿A qué se refiere la palabra «utensilio» en la quinta línea?

(A) A Constantinopla.

(B) Al tenedor.

(C) *A instrumentum diaboli.*

(D) A las costumbres.

La respuesta correcta es la B.

Ya que la palabra utensilio hace referencia a un objeto que tiene un uso específico y frecuente, en este caso es utensilio de cocina que se refiere principalmente al tenedor.

1.- No casarse. Este contrato quedará automáticamente anulado y sin efecto si la maestra se casa. 2.- No andar en compañía de hombres. 3.- Estar en su casa entre las 8:00 de la noche y las 6:00 de la mañana a menos que sea para atender alguna función escolar. 4.- No pasearse por las heladerías del centro de la ciudad. 5.- No abandonar la ciudad bajo ningún concepto sin permiso del presidente del Consejo de Delegados. 6.- No fumar. Este contrato quedará automáticamente anulado y sin efecto si se encontrara a la maestra fumando. 7.- No beber cerveza ni vino ni whisky. Este contrato quedará automáticamente anulado y sin efecto si se encontrara a la maestra bebiendo cerveza o vino o whisky. 8.- No viajar en coche o en automóvil con ningún hombre con excepto de su hermano o su padre. 9.- No usar ropa de color brillante. 10.- No teñirse el cabello. 11.- No usar polvos faciales ni pintarse los labios.

~Saltillo de Coahuila de Zaragoza, 1923.

102. ¿Qué tipo de documento se infiere que es?

(A) Una carta de amor.

(B) Un contrato del año de 1923.

(C) Un anuncio de publicidad de 1923.

(D) Un contrato de bomberos.

La respuesta correcta es la B.

Es correcta porque allí claramente mencionan una serie de cláusulas que debe cumplir la maestra.

103. ¿Cuál de las siguientes opciones es motivo para anular tal contrato?

(A) Maquillarse.

(B) Ejercitarse.

(C) Cantar.

(D) Bailar.

La respuesta correcta es la A.
Es correcta porque en la oración "No usar polvos faciales ni pintarse los labios.", hace referencia a maquillarse.

La Isla de Pascua, localizada en la Polinesia en medio del océano Pacífico, es la isla chilena más grande.

Actualmente, cuenta con una población de 5035 habitantes, todos ellos concentrados en la ciudad de Hanga Roa. La característica principal de este poblado son las esculturas misteriosas conocidas como «Moáis». Se conocen más de 900, mismas que se cree, fueron esculpidas por los «rapa nui», los habitantes aborígenes del lugar. Labradas en «toba» volcánica, algunas de ellas no terminadas, su significado es aún incierto. El nombre completo de las estatuas en su idioma original es «Moai Aringa Ora» que significa «rostro vivo de los ancestros». Lo que sugiere que fueron esculpidas para representar a Gobernantes y antepasados importantes. Los reyes poseían este poder de manera innata; otros podían adquirirlo realizando una serie de hazañas extraordinarias que involucraban principalmente, la resistencia física. Dichas esculturas fueron esculpidas en distintos tamaños y con características distintas. Éstas eran esculpidas sobre la roca volcánica en el cráter mismo, después cinceladas por la espalda para desprenderlas de sus nichos para posteriormente ser transportadas hasta el lugar que les pertenecía. La mayoría de ellas, de espaldas al mar. Es, sin duda, un lugar lleno de misterio y riqueza cultural, siendo uno de los atractivos turísticos principales del mundo.

104. ¿Cómo se les llama a los aborígenes de La Isla de Pascua?

(A) Moáis.

(B) Hanga Roas.

(C) Rapa Nui.

(D) Pascuenses.

La respuesta correcta es la C.
Ya que en el texto mencionan a los Rapa Nui como los habitantes aborígenes de la isla de Pascua.

105. ¿Qué significa la palabra «innata» en la octava línea?

(A) Del lugar.

(B) Aborígenes.

(C) De nacimiento.

(D) Cultural.

La respuesta correcta es la C.
Innata significa que no es aprendido, es decir que pertenece a alguien desde su nacimiento.

106. ¿De qué material están hechas las esculturas?

(A) De oro.

(B) Piedra volcánica.

(C) De plata.

(D) De arcilla.

La respuesta correcta es la B.
Debido a que las esculturas fueron talladas sobre este material.

Cuando los marcianos no hablan

Uno de los desafíos más grandes para los hombres es interpretar correctamente y apoyar a una mujer cuando habla de sus sentimientos. El mayor desafío para las mujeres es interpretar correctamente y apoyar a un hombre cuando no habla. El silencio resulta muy fácilmente malinterpretado por las mujeres. Hombres y mujeres piensan y procesan información en forma muy diferente. Las mujeres piensan en voz alta compartiendo su proceso de descubrimiento interior con un oyente interesado. Aún hoy, una mujer a menudo descubre qué quiere decir a través del proceso verbal simple. Este proceso de dejar simplemente que los pensamientos fluyan en libertad y expresarlos en voz alta, la ayuda en obtener provecho de su intuición. Este proceso es perfectamente normal y a veces especialmente necesario.

Pero los hombres procesan la información en forma muy diferente. Antes de hablar o responder, «meditan» o piensan en lo que escucharon o experimentaron. Interna y silenciosamente imaginan la respuesta más correcta y útil. Primero la formulan en su interior y luego la expresan. Este proceso podría tomar minutos u horas y para confundir aún más a las mujeres, si no tienen suficiente información para procesar una respuesta, pueden llegar a no responder.

Las mujeres necesitan entender que cuando él está en silencio, está diciendo: «Todavía no sé qué decir, pero estoy pensando en ello». En lugar de eso, ellas escuchan: «No te estoy respondiendo porque tú no me importas y yo voy a ignorarte. Lo que me has dicho no es importante y por lo tanto no responderé».

~John Gray, Los hombres son de Marte y las mujeres son de Venus, 1995.

107. ¿Cuál es el tema principal del texto?

(A) Los marcianos.

(B) Los extraterrestres.

(C) Los procesos mentales.

(D) Las mujeres.

La respuesta correcta es la C.

Porque el texto habla principalmente de la forma de pensar y responder tanto de los hombres y las mujeres, el cual está relacionado con los procesos cognitivos o mentales de cada uno de ellos.

108. Según el texto ¿Cómo procesan la información los hombres?

(A) Diferente.

(B) «Meditan».

(C) Rápido.

(D) Muy rápidamente.

La respuesta correcta es la B.
Porque los hombres internamente procesan esta información mientras dan una respuesta a lo que escucharon o van a hablar.

109. ¿Cuál es el mayor desafío para las mujeres?

(A) Interpretar y apoyar correctamente a un hombre cuando habla de sus sentimientos.

(B) Interpretar y apoyar correctamente a un hombre cuando medita.

(C) Interpretar y apoyar correctamente a un hombre cuando no habla.

(D) Interpretar y apoyar correctamente a un hombre en la toma de decisiones.

La respuesta correcta es la C.
Cuando un hombre no habla, el silencio resulta muy fácilmente malinterpretado por las mujeres.

110. ¿Qué sucede cuando los hombres se mantienen en silencio?

(A) Están formulando una pregunta para expresarla.

(B) Las mujeres lo malinterpretan y se enojan.

(C) Están formulando una respuesta para expresarla.

(D) Las mujeres están formulando una respuesta para expresarla.

La respuesta correcta es la B.
Porque mientras los hombres piensan en que responder, las mujeres mal interpretan este tiempo de silencio.

Sample Test One

111. ¿A qué se refiere la frase «piensan en voz alta» en la línea 5?

(A) Son ruidosas.

(B) Externan sus sentimientos y sus pensamientos.

(C) Hablan mucho.

(D) Piensan más rápido que los demás.

La respuesta correcta es la B.
Pensar en voz alta significa expresar lo que se piensa, pero hablando muy bajo.

112. ¿Cuánto dura el procesamiento de pensamientos en el género masculino?

(A) Una hora.

(B) Minutos y horas.

(C) 30 minutos.

(D) Un minuto.

La respuesta correcta es la B.
Ya que el texto no especifica cuantos minutos u horas son.

113. ¿Cómo traducen las mujeres el silencio en los hombres?

(A) Como falta de interés de los hombres por los sentimientos y pensamientos de las mujeres.

(B) Como ignorancia y miedo a responder acertadamente a los sentimientos de las mujeres.

(C) Saben que los hombres necesitan tiempo para meditar y procesar la información.

(D) Saben que los hombres tienen problemas para interpretar los sentimientos correctamente.

La respuesta correcta es la A.

Ya que las mujeres interpretan el silencio de los hombres como si no les interesara lo que ellas preguntaron, como si no quisieran responder y como algo que no es importante para ellos.

El pensamiento es esa pérdida de tiempo que tiene lugar entre el momento en que percibimos algo y el momento en que sabemos cómo manejarnos con respecto a lo percibido. Es un espacio de tiempo ocupado por la serie de ideas que se van sucediendo, una a partir de la otra, cuando intentamos elaborar la situación que nos resulta desconocida hasta transformarla en algo conocido que sabemos cómo enfrentar. Más tarde, el hombre aprende a recrearse jugando con las ideas por el placer de hacerlo. Pero la finalidad biológica fundamental del pensamiento consiste en capacitar al organismo vivo para sobrevivir, procurándose todo aquello que necesita y alejándose de lo que le representa un peligro. De lo que se trata es de saber cómo reaccionar ante una situación: ¿Será conveniente abalanzarse con avidez o retroceder con recelo?

Tres son los pensamientos básicos que utilizan los seres vivos a fin de conocer las cosas lo bastante como para reaccionar ante ellas en forma apropiada.

1. *Instinto: Es una reacción fija, integrada de tal modo que el organismo, ante una situación determinada, producirá automáticamente una respuesta determinada. Es directa, es automática, es inmutable como la iluminación de un ambiente cuando encendemos la luz. No se requiere ningún aprendizaje.*

2. *Aprendizaje: Existen dos tipos de aprendizaje: De primera mano y de segunda mano. El aprendizaje de primera mano es un proceso lento por medio del cual un organismo encuentra la respuesta conveniente a una situación mediante ensayo y error. Así un secretario descubre cómo es que su patrón prefiere que las cartas a los clientes sean escritas. El gato aprende a regresar al hogar y el jugador de tenis a sacar la pelota. Por otra parte, el aprendizaje de segunda mano es una especie de instinto artificial. Conlleva respuestas inmediatas para situaciones, sin necesidad de pasar por el proceso lento de prueba y error. Es un tipo de aprendizaje transmitido, proviene de la televisión, y de la escuela.*

3. *Comprensión: ¿Qué sucede cuando lo que se nos presenta, es una situación desconocida, nueva 27 totalmente para nuestra mente para la cual no tenemos respuesta? La comprensión es el proceso por el cual transformamos una situación desconocida en una situación conocida, para saber así cómo reaccionar ante ella. Proceso mediante el cual, se pasa de una idea a otra, con tal de afianzarla en la psique. El pasar de ideas es el pensamiento. Y comprender es pensar.*

114. ¿Cuáles son los tres pensamientos básicos que utilizan los seres vivos para reaccionar?

(A) Pensar, aprender, y comprender.

(B) Pensar, actuar, e iluminar.

(C) Responder, comprender, y aprender.

(D) Aprender, comprender, e intuir.

La respuesta correcta es la A.
El hombre primero piensa sobre la situación haciendo un análisis, lo que se conecta al instinto, luego aprende a adaptar ese pensamiento en la realidad por medio de la experiencia y finalmente, comprende por medio de la percepción que le da una idea clara sobre lo que se dice, se hace o sucede al descubrir el sentido profundo de algo.

115. Según la lectura, ¿Qué es el pensamiento?

(A) Una pérdida de tiempo.

(B) El momento entre percibir y actuar con respecto a lo percibido.

(C) Es un espacio de tiempo ocupado por cosas que suceden alrededor.

(D) Las situaciones que suceden una detrás de la otra.

La respuesta correcta es la B.
El pensamiento lugar entre el momento en que percibimos algo y el momento en que sabemos cómo manejarnos o actuar con respecto a lo percibido.

116. ¿A qué se refiere la frase, «como la iluminación de un ambiente cuando encendemos la luz»?

(A) La energía eléctrica es rápida y costosa.

(B) Es una manera de relacionar a, y explicar el concepto mediante la metáfora.

(C) Los ambientes con iluminación son automáticos y dinámicos.

(D) El pensamiento en general es tan rápido como la luz.

La respuesta correcta es la B.
La frase mencionada, es una conexión metafórica para dar un explicación más clara y válida al concepto citado.

117. ¿Cómo se describe el aprendizaje de segunda mano?

(A) Se aprende por medio de la televisión y de la escuela.

(B) Los gatos aprenden a llegar a su hogar de segunda mano.

(C) Es un tipo de inteligencia artificial que se encuentra en la mente de los humanos.

(D) Es un tipo de aprendizaje transmitido y se efectúa por medio de respuestas inmediatas.

La respuesta correcta es la C.
Es la respuesta más apropiada porque contiene más información sobre el aprendizaje de segunda mano, ya que es es transmitido de la televisión, y de la escuela y se efectúa por medio de respuesta inmediatas.

118. ¿Con cuál de las siguientes opciones se asemeja a la palabra, «totalmente» en la línea 27?

(A) Absoluto.

(B) Suma.

(C) Resultado.

(D) Único.

La respuesta correcta es la C.
El adjetivo que más se asemeja a la palabra "totalmente", es "absoluto", porque significa que es completo o total.

119. ¿Cuál es el tipo de pensamiento para el cual no se requiere aprendizaje?

(A) Instinto.

(B) Pensamiento.

(C) Comprensión.

(D) Aprendizaje.

La respuesta correcta es la A.
El instinto es el pensamiento innato e inmutable que no requiere ningún tipo aprendizaje.

120. ¿A qué se refiere la palabra, «psique» en la última línea?

(A) Al alma.

(B) Al cerebro.

(C) A la mente.

(D) Al pensamiento.

La respuesta correcta es la C.
La psique corresponde a la mente, ya que son el conjunto de las funciones afectivas y mentales de una persona. La mente contiene el pensamiento y el cerebro es la parte física más grande del encéfalo, y el alma es la parte inmaterial del ser humano y principio espiritual. Por consiguiente, la mente es la única opción válida de respuesta.

SECTION III: Sample Test Two

Listening: Rejoinders

Directions: *You will hear short conversations or parts of conversations. You will then hear four responses, designated (A), (B), (C), and (D). After you hear the four responses, select the response that most logically continues or completes the conversation. Fill in the corresponding oval on your answer sheet. Neither the answer choices nor the conversations will be printed in your test booklet, so you must listen very carefully. You will have 10 seconds to choose your response before the next conversation begins.*

Número 1. **MALE** ¿Qué vas a cenar esta noche?

FEMALE
(A) Vodka.
(B) Champiñones con queso.
(C) Voy con mi esposa.
(D) Ayer comí sandwich.

Número 2. **MALE** ¿De qué color es el carro de Alexandra?

FEMALE
(A) Es muy bonito.
(B) Es feo.
(C) Es grande.
(D) Es plateado.

Número 3. **FEMALE** Sara trabajó 10 horas.

MALE
(A) Ella ama a su familia.
(B) A ella le encantan los chocolates.
(C) Ella tiene un turno muy extenso.
(D) Ella es casada.

Número 4. **FEMALE** ¿Por qué Sofí no ha llegado?

MALE
(A) Porque se le pincho una llanta.
(B) Porque come mucha comida chatarra.
(C) Porque vive muy cerca al trabajo.
(D) Porque conduce muy rápido.

Número 5. **MALE** ¿Cuál es la descendencia de tu nombre?

FEMALE
(A) Soy colombiano.
(B) Mis abuelos eran franceses.
(C) B-R-A-Y-A-N
(D) Tengo hijos que son franceses.

Número 6. **MALE** Ayer estuve en una feria.

FEMALE
(A) ¿Será interesante?
(B) ¿Van a haber muchas exposiciones?
(C) ¿Y qué vendiste?
(D) ¿Tendrá muchos eventos especiales?

Número 7. **MALE** ¿Vamos a jugar al parque?

FEMALE
(A) Yo jugué fútbol el año pasado.
(B) Yo permanezco en mi casa durmiendo.
(C) ¿Tu perro nos deje jugar fútbol?
(D) ¿El agua sea sucia?

Número 8. **MALE** Si tu padre es mi tío, entonces la madre de él ¿Qué es de mí?

FEMALE (A) Tu hermana.

(B) Tu suegra.

(C) Tu prima.

(D) Tu abuela.

Número 9. **MALE** ¿Has podido culminar tu tarea?

FEMALE (A) Sí, pero el cine estaba cerrado.

(B) Sí, pero no pude dormir anoche.

(C) Sí, pero mi novia no me quiere.

(D) Sí, pero el bar estaba abierto.

Número 10. **MALE** ¿Vamos a comer pizza esta noche?

FEMALE (A) No, es deliciosa.

(B) Sí, me encanta bailar.

(C) No, debo estudiar para un examen.

(D) Si, vamos a comer carne.

Número 11. **MALE** ¿No tienes hijos?

FEMALE (A) No, porque mi hermana es mayor que yo.

(B) No, pero mi abuela vive en otro país.

(C) No, pero si los tuviera sería muy feliz.

(D) No, pero mi amiga tiene tres hijos.

Número 12. **FEMALE** Sería diferente si yo hubiera puesto atención.

MALE

(A) Tuviste dinero.

(B) Claro! habrías entendido la película.

(C) Claro! habrías perdido el examen.

(D) habrás ganado el partido.

Número 13. **MALE** ¿Por qué fuiste rebelde cuando eras pequeña?

FEMALE

(A) Fui al mar.

(B) Fue porque mis padres no compartían conmigo.

(C) Porque seré muy feliz.

(D) Era contenta.

Número 14. **FEMALE** Si no entiendo las instrucciones ¿Qué debo hacer?

MALE

(A) Deberías entender las instrucciones.

(B) Deberías buscar en el bosque.

(C) Deberías estudiar más español.

(D) Deberías comer barras de chocolate.

Número 15. **FEMALE** ¿A dónde prefieres ir de vacaciones?

MALE

(A) Al restaurante.

(B) A la cabaña de mi tío.

(C) A dormir.

(D) A comer.

Número 16. **FEMALE** ¿Cómo quieres pagar la cuenta?

MALE
(A) A la orden.
(B) Debo irme.
(C) Gratis.
(D) En efectivo.

Número 17. **FEMALE** ¿Qué está haciendo el novio de Lorena?

MALE
(A) Está lloviendo.
(B) Tiene calor.
(C) No tiene dinero.
(D) En clase de Química.

Número 18. **FEMALE** ¿A qué edad te bautizaron?

MALE
(A) En 1990.
(B) En agosto.
(C) En primer año.
(D) A las dos de la tarde.

SECTION III: Sample Test Two

Listening: Dialogues and Narratives

Directions: *You will hear a series of dialogues, news reports, narratives, and announcements. Listen carefully, as each selection will only be spoken once. One or more questions with four possible answers are printed in your test booklet. They will not be spoken. After each selection has been read, choose the best answer choice for each question and fill in the corresponding oval on your answer sheet. You will be given 12 seconds to answer each question.*

Selección número 1

En una conferencia

MARÍA: Vamos a hablar sobre el espacio para compañeros de trabajo.

NICO: ¡Interesante! Pero que significa este término, no tengo ni idea.

MARÍA: El espacio para compañeros de trabajo se está utilizado por pymes y empresas de diferentes sectores. El término significa trabajo colaborativo.

NICO: ¿Trabajo colaborativo?, ¿Cómo así?

MARÍA: Es decir, los compañeros de trabajo comparten el mismo espacio de trabajo, tanto físico como virtual, para desarrollar sus proyectos.

NICO: Y ¿qué beneficios trae para las empresas esa forma de trabajo?

MARÍA: Mira, el trabajo colaborativo ayuda a que las relaciones entre profesionales sean estables, que finalmente puedan provocar buenos resultados y la satisfacción del cliente.

NICO: Hm-m, ¡Súper! Está muy ambicioso este proyecto, pero me genera ciertas dudas.

NARRADOR: *Ahora contesta las preguntas 19, 20, y 21.*

19. ¿Cuál era el tema central de la conversación entre María y Nico?

(A) El liderazgo y el trabajo en equipo.

(B) Un tipo de proceso nuevo.

(C) El desarrollo de actividades en un espacio de trabajo compartido.

(D) Las tendencias de mercadeo nuevas en el mundo.

20. Además de compartir un mismo espacio de trabajo, el espacio para compañeros de trabajo permite:

(A) Espacios de trabajo poco flexibles y no tan prácticos.

(B) La oportunidad de compartir un espacio en línea para el desarrollo de sus actividades.

(C) La oportunidad de fomentar que las personas se comuniquen directamente con los clientes.

(D) La reducción de costos en la infraestructura.

21. Nico está interesado en esta forma de trabajo nueva, pero:

(A) Él cree que el espacio para compañeros de trabajo genera desconcentración entre los mismos empleados.

(B) No esta tan seguro que el espacio para compañeros de trabajo fomenta colaboración entre los trabajadores.

(C) Él creé que genera competencia laboral y profesional.

(D) La narración no especifica cual es la posición de Nico frente a este tema.

Selección número 2

En una reunión empresarial

MATEO: Hemos encontrado un problema con la planificación de un producto.

CONNY: Hm-m.

MATEO: Ustedes saben muy bien que este producto tiene dos destinos—uno en clima seco y el otro en clima frío. Y por ende, sus componentes varían.

CONNY: Y ¿qué sucedió?

MATEO: Al final del proceso se mezcló entre dos clasificaciones.

CONNY: ¡Qué lástima! Porque según de lo que me enteré, el cliente se enojó bastante.

MATEO: Tenía toda la razón, y precisamente ese es el problema más delicado.

CONNY: ¿Por qué?

MATEO: Porque el cliente decidió no volvernos a comprar.

CONNY: Entonces debemos diseñar una estrategia para volver a capturar a ese cliente quien es tan importante.

MATEO: Muy bien. Y esa será tu tarea.

NARRADOR: *Ahora contesta las preguntas de 22, 23,y 24.*

22. **¿Cuál es el problema que manifestó Mateo en la reunión?**

(A) No le hicieron el seguimiento adecuado al producto.

(B) El producto presentó mala calidad.

(C) Se mezclaron dos referencias del producto.

(D) Cada clima requería de un producto específico según sus componentes.

23. **¿Cuál fue la reacción del cliente?**

(A) Devolvió todo el producto que tenía.

(B) Decidió no volver a la compañía a comprar ese producto.

(C) Definitivamente no quería volver a comprar ningún producto.

(D) Pidió la devolución de todo su dinero.

24. **¿A qué se refiere Conny con la frase, «capturar el cliente»?**

(A) Romper relaciones empresariales con él.

(B) Fidelizarlo para que vuelva a comprarle a ellos.

(C) Explicarle al cliente que fue lo que realmente sucedió.

(D) Aceptar su devolución.

Selección número 3

En una clínica veterinaria

MILE: Buenas noches. Necesito que atiendan urgentemente a mi perro, Venn.

DIANA: Sí, ¿qué tiene tu mascota?

MILE: Anoche estaba convulsionando y no se podía mover de la cama.

DIANA: Hum. Voy a examinarlo y comprobar que es lo que realmente le pasa. Ponlo en la camilla.

MILE: Listo.

DIANA: Mira, Venn presenta un cuadro grave de cáncer avanzado y veo que no se puede hacer nada por él.

MILE: ¿El tumor ya hizo metástasis?

DIANA: Si, tiene invadido todo su organismo.

MILE: Igual él ya está un poco anciano y eso tampoco le ayuda.

DIANA: Sí. Tienes toda la razón. Ya sólo te queda orar por tu mascota.

NARRADOR: *Ahora contesta las preguntas 25, 26, y 27.*

25. ¿Qué tenía el perro de Mile?

(A) Estaba un poco enfermo, pero su estado no era grave.

(B) Tenía cáncer, y su estado era realmente grave.

(C) Mile estaba confundida porque su mascota no tenía nada.

(D) Estaba tan grave que Diana le dijo a Mile que sólo le quedaba orar.

26. ¿A qué se refiere Mile cuando dice que el tumor hizo metástasis?

(A) A la propagación del cáncer de Venn a otro órgano.

(B) A su enfermedad.

(C) Al olor fétido que emanó el tumor de Venn.

(D) Al cáncer avanzado que tenía Venn.

27. ¿Por qué no se podría salvar Venn?

(A) Porque su edad no le ayudaba.

(B) Porque no le trataron su enfermedad a tiempo.

(C) Porque no existían los tratamientos médicos adecuados para tratar su enfermedad.

(D) Porque cuando lo llevaron a la clínica ya se encontraba muerto.

Selección número 4

En un laboratorio de física

CRISTIAN: Cuéntame, ¿qué práctica te toca realizar el día de hoy?

VALENTINA: Me corresponde realizar la medición del período de un péndulo.

CRISTIAN: Es un tema muy fascinante. ¿Qué debes hacer?

VALENTINA: En primer lugar, debo tener materiales como: Soporte, nylon, piedra, cronómetro, papel, y lapicero.

CRISTIAN: Me imagino y ¿debes construir tu misma el péndulo?

VALENTINA: Si, y una vez que lo construya, debo cronometrar el tiempo que tarda en completar un período completo.

CRISTIAN: ¿Sólo eso?

VALENTINA: No, debo variar la longitud de la cuerda del péndulo, la masa, y el ángulo, y así repetir el experimento.

CRISTIAN: ¡Qué bien!, entonces te deseo mucha suerte.

NARRADOR: *Ahora contesta las preguntas 28, 29, y 30.*

28. ¿En qué consiste el experimento de física que debe realizar Valentina?

(A) En el movimiento circular de un péndulo.

(B) En la medición del período de un péndulo.

(C) En averiguar cuál es el comportamiento del péndulo según los cambios del ambiente.

(D) En tomar las distancias D1 y D2.

29. ¿Qué debe hacer Valentina para iniciar el experimento?

(A) Debe evaluar las variables del entorno para decidir si afecta su experimento.

(B) Debe construir el péndulo para realizar el estudio.

(C) Debe conseguir los materiales que requiere el experimento.

(D) Debe hacer los ensayos necesarios para que el péndulo funcione bien antes de realizar el experimento.

30. ¿Cuáles son las variables que debe medir Valentina en su experimento?

(A) La distancia que existe en cada ciclo y su tiempo.

(B) La masa de los objetos que va a utilizar para generar movimiento del péndulo, y el ángulo de cada ciclo.

(C) La longitud de la cuerda del péndulo y la masa de cada objeto.

(D) El peso y la longitud de la cuerda.

Selección número 5

En una escuela de gastronomía

ELKIN: ¡Que delicia de plato!

JULIÁN: Si, lo hice con mucho esfuerzo y dedicación.

ELKIN: Te felicito, ¿Cómo se llama este plato?

JULIÁN: Langostinos en tempura con salsa de cacahuetes.

ELKIN: Mm-m, que delicia. Y ¿cuánto tiempo tardaste en cocinar este plato tan exquisito?

JULIÁN: Me demoré cinco horas porque el langostino es el ingrediente más delicado para preparar. Ya que para que quede de un excelente sabor depende de la cantidad de sal que se le eche al agua. Por ejemplo, en este caso utilicé 70 gramos por cada litro de agua que utilicé.

ELKIN: Los langostinos te quedaron bastante jugosos y con un sabor muy natural. Veo que vas a ser un buen chef.

JULIÁN: ¡Gracias! Y sí—en dos meses lo seré.

NARRADOR: *Ahora contesta las preguntas 31, 32, y 33.*

31. ¿Cuál es el paso más importante para que los langostinos queden en su punto?

(A) El tiempo de cocción de este ingrediente.

(B) Los condimentos que se utilicen.

(C) La cantidad de gramos de sal que se echa al agua.

(D) En donde se cocinen.

32. ¿Cuántos gramos de sal y litros de agua utilizó Julián?

(A) 60 gramos de sal y medio litro de agua.

(B) 50 gramos de sal y mil mililitros de agua.

(C) 71 gramos de sal y medio de agua.

(D) 70 gramos de sal y mil mililitros de agua.

33. Según, la narración:

(A) La graduación de Julián está cerca.

(B) Julián está comenzando su carrera de chef.

(C) Elkin fue profesor de Julián en algún momento de su carrera.

(D) Julián se demoró 180 minutos para hacer el plato.

Selección número 6

La clonación

La clonación es el proceso por el cual es posible sacar una copia asexual de un organismo ya sea vivo o muerto a partir de códigos genéticos con muestras de su ADN. Sin embargo, los científicos no utilizan esta información genética sólo con el fin de duplicar humanos como lo han manifestado. La clonación es el punto de partida para dar como resultado células madre para curar algunas enfermedades presentes en los humanos, garantizando su bienestar y calidad de vida. Algunas enfermedades que existen actualmente no tienen cura, o no existen tratamientos médicos para sobrellevarlas como: el Sida, u otras enfermedades de tratamientos complejos como el cáncer, que al ser detectado de manera oportuna permite opciones de cura. Pero la clonación se ofrece como una opción de cura para aquellas personas que padecen de enfermedades tan devastadoras como esas.

NARRADOR: *Ahora contesta las preguntas 34, 35, y 36.*

34. Según la narración:

(A) La clonación sólo funciona en organismos vivos.

(B) La clonación es el proceso mediante el cual se toman muestras de código genético para averiguar la descendencia de cada persona.

(C) La clonación es un proceso que se realiza a madres que tengan enfermedades sin cura.

(D) La clonación se puede realizar a cualquier organismo sea vivo o muerto.

35. La clonación es un proceso mediante el cual los científicos buscan duplicar organismos y:

(A) Células madre para curar algunas enfermedades.

(B) Encontrar nuevas formas de vida.

(C) Crear un organismo a partir de otros con diferentes características.

(D) Integrar organismos en componentes orgánicos muertos.

36. La clonación se ofrece como una cura para:

(A) Aquellas personas que sufran trastornos sicológicos y emocionales.

(B) Animales que no puedan reproducirse.

(C) Personas que sufran enfermedades que afectan su calidad de vida.

(D) Que los animales produzcan proteínas que ofrezcan algunos beneficios para otros.

Selección número 7

La dependencia con la tecnología

La tecnología gana más fuerza en el mundo cada vez, con la incorporación de sistemas de información y procesamiento nuevos que facilitan la comunicación entre las personas. Cada día se observa que todas las clases de tecnologías evolucionan aceleradamente a un costo muy asequible, y a su vez generan en las personas la necesidad de tenerlas en su ritmo de vida cotidiano. Sin embargo, la dependencia que se genera hacia ellas esta desencadenando múltiples enfermedades que son irreversibles y problemas psicológicos como la nomofobia la cual se define como «el miedo irracional de salir de la casa sin el celular», porque opiniones que con gran frecuencia se escuchan es que sus vidas cambian cuando no los tienen, o simplemente no son capaces de vivir sin ellos.

NARRADOR: *Ahora contesta las preguntas 37, 38, y 39.*

37. ¿Por qué se potencializa la tecnología cada día?

(A) Porque las personas realizan compras más seguidas.

(B) Porque maneja las personas muy bien.

(C) Porque sus plataformas son muy asequibles.

(D) Porque han creado e ingresado sistemas de información al mercado.

38. ¿Cuál ha sido el efecto negativo que ha producido la tecnología?

(A) Egoísmo a causa de los aparatos electrónicos.

(B) Enfermedades sicológicas y emocionales.

(C) Enfermedades diversas que producen el uso excesivo de aparatos electrónicos.

(D) Conflictos en la sociedad y la competitividad.

39. ¿Qué manifiestan las personas sobre la tecnología?

(A) Que son las mejores invenciones, ya que han solucionado problemas diversos.

(B) Que son poco costosas, que implica que son más asequibles para cada una de ellas.

(C) Que han cambiado sus vidas hasta el punto de no poder estar sin ellas.

(D) Que han facilitado las interconexiones en el planeta.

Selección número 8

Facebook

En la era de la información, el uso de las redes sociales ha revolucionado el mundo de las comunicaciones y sin duda son las más utilizadas para realizar actividades diversas como: Comunicarse entre amigos, familiares, compañeros de trabajo, etcétera. También para hacer publicidad e incluso la utilizan como medio de negocio. Facebook inició como una plataforma en la universidad de Harvard con el fin de ayudar a sus estudiantes a conectarse en el campus. Pero ya se han convencido tantas personas de la efectividad de su uso, que el número de usuarios registrados aumenta exponencialmente cada día. Se estima que en el mes julio del 2015, Facebook contaba con 1,650 millones de usuarios activos, y con el lanzamiento de teléfonos más avanzados, ésta versión se seguirá utilizando con mayor intensidad.

NARRADOR: *Ahora contesta las preguntas 40, 41, y 42.*

40. Las redes sociales se están utilizando como:

(A) Medios para publicar información.

(B) Redes sociales.

(C) Redes virtuales.

(D) Plataforma de comunicación inter-universitaria.

41. Facebook inició como:

(A) Una plataforma creada para la comunicación en un campus.

(B) Red social.

(C) Un medio para actualizar a las personas sobre informaciones de noticias.

(D) Un sistema de información y de comunicación.

42. Se estima que en el mes de julio de 2015, Facebook contaba con:

(A) Más capital para lograr su crecimiento.

(B) 1,650 millones de usuarios activos.

(C) Una interfaz nueva para lograr el agrado de las personas.

(D) Aplicaciones nuevas en los teléfonos avanzados.

Selección número 9

El aborto

El aborto es un procedimiento cuyo objetivo es expulsar al feto del vientre de la madre. Es preciso decir que este procedimiento lo hace la mujer de forma consciente. Existe otro tipo de aborto, como el aborto espontáneo, ya que no es provocado intencionalmente. Lo que sucede con frecuencia es la muerte fetal o anomalías que están ocurriendo en el vientre y que están en el riesgo de la vida de la madre. Con respecto al primero, la legalización del mismo ha sido una polémica en muchos países, porque la iglesia se interpone en estas decisiones. Es cierto que allí existe una vida, pero también se deben plantear las condiciones bajo las cuales fue concebida—si fue producto de una violación o no. En pocas palabras, el aborto es un tema muy complejo, y los únicos responsables que esto tenga un buen fin son los gobiernos o las madres que conciben.

NARRADOR: *Ahora contesta las preguntas 43, 44, y 45.*

45. ¿Cuál es la entidad que se interpone para que no se legalice el aborto?

(A) El gobierno y la sociedad en general.

(B) La iglesia.

(C) Organismos internacionales.

(D) La comunidad.

46. Además del aborto tradicional, ¿qué otro tipo de aborto existe?

(A) Espontáneo.

(B) Forzado.

(C) Natural.

(D) Voluntario.

47. ¿En qué estado se encuentra una mujer una vez que realiza el aborto?

(A) Dopada e inconsciente.

(B) Con las defensas muy bajas.

(C) Consciente.

(D) Enferma y angustiada.

Selección número 10

Del trabajo manual al automático

La competencia fuerte y los precios bajos del mercado han obligado a las compañías de casi todos los sectores a implementar líneas de automatización y producción industrial para trasladar el trabajo de varias personas a una sola máquina. Ésta técnica nueva está en auge en casi todo el mundo, porque los empresarios se han visto beneficiados en todos los sentidos. Por ejemplo, en el ahorro de costos con respecto al personal, en el incremento de la productividad y en la eficiencia de cada proceso. A pesar de que brinda beneficios muy significativos a la industria, ha conllevado también al despido masivo de empleados que tienen su trabajo como único sustento diario, el cual se ha convertido en una problemática universal.

NARRADOR: *Ahora contesta las preguntas de la 46, 47, y 48.*

46. ¿Por qué quieren mejorar sus procesos productivos las empresas?

(A) Para enfrentar la competencia fuerte y los precios bajos.

(B) Para mejorar su imagen ante los clientes.

(C) Porque se valorizan sus productos.

(D) Porque disminuyen los costos fijos.

47. ¿Cuál es uno de los beneficios principales que obtienen los gerentes de las compañías con la instalación de las líneas automatizadas?

(A) La disminución en los impuestos.

(B) El incremento del tiempo libre de los altos mandos.

(C) La estabilidad laboral.

(D) El ahorro de costos con respecto al personal.

48. ¿Cuál es el problema que ha generado la instalación de líneas de automatización?

(A) El incremento de los costos fijos y variables.

(B) El incremento del costo en el mantenimiento de las instalaciones.

(C) El despido de empleados.

(D) La infraestructura.

SECTION III: Sample Test Two

Reading Part A: Discreet Sentences

Directions: *The following statements are incomplete, followed by four suggested completions. Select the one that best completes the sentence.*

49. Ramón se enorgullecía de ____ a sus dos hijos a estudiar a Harvard.

(A) estudiar

(B) haber estudiado

(C) haber enviado

(D) hubo enviado

50. ¿ ____ está la península de Yucatán?

(A) Donde

(B) Dónde

(C) dónde

(D) done

51. La sangre sabe a cobre ____ hierro.

(A) e

(B) y

(C) u

(D) para

52. Los argentinos ____ mate por la mañana todos los días.

(A) tomamos

(B) tomar

(C) tomado

(D) tomando

53. El hermano de Diego López trabaja para la ____ .

(A) CÍA.

(B) CIA.

(C) AIC.

(D) SÍA.

54. No me decido si tomar café ____ té.

(A) y

(B) e

(C) u

(D) o

55. ____ quienes son los vecinos nuevos.

(A) No sé

(B) No se

(C) No lo sabe

(D) No sabía

56. Ayer por la tarde, a esta misma hora, yo estaba ____ ejercicio en el gimnasio.

(A) corriendo

(B) tenido

(C) trotado

(D) haciendo

57. ____ quienes no tiramos la basura en su lugar, contaminando el medio ambiente.

(A) Soy

(B) Hay personas, incluyéndome,

(C) Hemos

(D) Éramos

58. Mi hermanita de tres años tiene una ____ de muñecas con la que juega todos los días.

(A) mansión

(B) casona

(C) casita

(D) canasto

59. Si Matías dejara la universidad para perseguir su sueño de ser pintor, ____ lo perdonaría ____ su padre ____ su madre.

(A) no, ni, ni

(B) ni, ni, ni

(C) no, ni, y

(D) si, y, y

60. Mi tía Ana trabaja en una empresa de tele-mercadeo. Ella habla ____ veces por teléfono.

(A) muchos

(B) muy

(C) mucha

(D) muchas

61. Mañana es Navidad y toda mi familia estará aquí. Mi hermanito Rafael y yo ____ muy ____ .

(A) estamos, contento

(B) estamos, contentes

(C) está, contente

(D) estamos, contentos

62. Hoy estoy cansada por tanto trabajo, pero en un mes ____ en la playa.

(A) estaba gozando

(B) he estado gozando

(C) estaré gozando

(D) estaría gozando

63. Viví en la Florida ____ seis años y medio.

(A) desde

(B) en

(C) con

(D) por

64. El caviar está hecho ____ los huevos del esturión.

(A) con

(B) para

(C) por

(D) en

65. Carlota e Pedro ____ haciendo su tarea.

(A) está

(B) están

(C) estoy

(D) estamos

66. ____ yo tuviera mucho dinero, viajaría por todo el mundo.

(A) Cuando

(B) Todavía

(C) Si

(D) Aun y cuando

67. Mi hermanita fue concebida ____ .

(A) *in fraganti*

(B) *ipso facto*

(C) *in* vitro

(D) quid *pro quo*

SECTION III: Sample Test Two

Reading Part B: Short Cloze Passages

Directions: *In each of the following paragraphs, there are blanks indicating that words or phrases have been omitted. For each blank, choose the completion that is most appropriate, given the context of the entire paragraph.*

I. El león es __68__ mamífero carnívoro. __69__ leones son tan __70__ que llegan a pesar 250 kilogramos. Los leones salvajes __71__ en África y Asia.

68. (A) ser
(B) es
(C) un
(D) unos

69. (A) Algunos
(B) Algunas
(C) Alguno
(D) Alguna

70. (A) altos
(B) gordos
(C) feroces
(D) grandes

71. (A) vivirán
(B) viven
(C) pueden vivir
(D) vivir

Sample Test Two

II. El __72__ es demostrar sentimientos de amor o cariño a alguien o algo. El __73__ que tiene el __74__ de dicho sentimiento en las personas puede causar enfermedades y trastornos psicológicos. Especialmente en los __75__ de uno a siete años.

72. (A) efecto
(B) afecto
(C) defecto
(D) artefacto

73. (A) efecto
(B) afecto
(C) defecto
(D) artefacto

74. (A) pérdida
(B) exceso
(C) falta
(D) decadencia

75. (A) infantiles
(B) monos
(C) infantería
(D) infantes

III. Cleopatra __76__ la última reina del Antiguo Egipto. Ella __77__ el trono a la edad de 18 __78__ su hermano Ptolomeo de sólo 12 años de edad. Quien __79__ su esposo. A Cleopatra se le ha atribuido una belleza excepcional.

76. (A) ha sido
(B) era
(C) es
(D) fue

77. (A) heredaba
(B) heredó
(C) heredado
(D) estabaheredando

78. (A) junto a
(B) debido a
(C) ya que
(D) junto con

79. (A) es
(B) serían
(C) sería
(D) seria

IV. **En México existe una ciudad llamada Saltillo, ubicada al __80__ de la Ciudad de Monterrey. Saltillo fue __81__ por los españoles en 1575 en lo que ahora se conoce como el Centro Histórico. __82__ sector __83__ mantiene su identidad Europea, visible en la arquitectura del lugar.**

80. (A) éste
(B) esté
(C) está
(D) este

81. (A) fundación
(B) fundición
(C) fundada
(D) fundó

82. (A) Éste
(B) Esté
(C) Está
(D) Este

83. (A) aún
(B) aun
(C) aun y cuando
(D) aún y cuando

V. **Mi vecina toca el piano todos los días a las cinco de la tarde. Ella vive __84__ casa. __85__ la familia Smith __86__ la familia Martínez. __87__, ella toma el té a las seis de la tarde.**

84. (A) enfrente de mi
(B) enfrente mío
(C) por frente de
(D) en frente

85. (A) Atrás de
(B) Entre
(C) Por
(D) Debajo

86. (A) ni
(B) para
(C) y
(D) vive

87. (A) Antes
(B) Luego
(C) Nunca
(D) Ayer

VI. **__88__ gustaría que por __89__ vez en mi vida, alguien __90__ trajera serenata. Las serenatas son composiciones musicales que se __91__ en las calles al atardecer o por las noches.**

88. (A) Te

(B) Le

(C) Me

(D) Se

89. (A) un

(B) una

(C) uno

(D) unos

90. (A) te

(B) le

(C) me

(D) se

91. (A) cantar

(B) cantaron

(C) cantaban

(D) cantan

SECTION III: Sample Test Two

Reading Part C: Reading Passages & Authentic Stimulus Material

Directions: *Read each of the passages below. Each passage is followed by questions or incomplete statements. Choose the best answer according to the text and mark in the corresponding answer.*

(c) iStockphoto.com/giovanniortiz/19077737

92. ¿Qué acción realiza el niño?

(A) Aprender.

(B) Escuchar.

(C) Hablar.

(D) Escribir.

(c) iStockphoto.com/SelectStock/19777692

93. ¿Qué se observa en la imagen?

(A) Una mujer y dos niños.

(B) Una vendedora.

(C) Una hacienda.

(D) Una feria.

(c) iStockphoto.com/SelectStock/19788501

94. ¿Quién es el sujeto?

(A) Una joven.

(B) Una pintura.

(C) Una niña.

(D) Una anciana.

(c) iStockphoto.com/jfmdesign/86947005

95. ¿Qué tipo de documento es?

(A) Una noticia.

(B) Una invitación.

(C) Un contrato.

(D) Una carta.

96. ¿De qué se trata el documento?

(A) De una lluvia de meteoritos.

(B) De una lluvia de estrellas artificial.

(C) De una lluvia de estrellas.

(D) De un juego de pelotas.

Mi amigo, Manuel que está visitando a sus familiares en España le mandó un mensaje a mi amigo, Juan y esto fue lo que Juan me dijo:

Manuel está en Santa Margarita—un pueblo de la isla de Palma de Mallorca, visitando a su tío Xavi, hermano de su padre. Ellos tienen un caballo, Timoteo. Es de Iker, hijo de su tío, pero el pobre animal es muy viejo y ya no trabaja. En el viaje también iba una niña, la sobrina de una amiga de su tío. Se llama Paloma y vive en la Ciudad de Cádiz. Ella tiene un gato llamado Frufrú. Pronto llegará Manuel de su viaje.

97. ¿Cómo se llama el primo de Manuel?

(A) Frufrú.

(B) Timoteo.

(C) Xavi.

(D) Iker.

Hace cinco años que Lucas Ramírez comenzó a raspar sus paredes para reformar su casa en la aldea guatemalteca de Chajul. A medida que el yeso caía, un mural de pared múltiple Maya iba viendo la luz por primera vez en siglos. Así fue como esta familia encontró un tesoro Maya en la pared de su cocina.

98. ¿De qué trata el texto?

(A) De las paredes de una cocina.

(B) De la remodelación de una casa.

(C) De una pintura Maya.

(D) Del yeso que cubría un mural.

De entre los instrumentos musicales, la flauta es el más antiguo de todos ellos. Hasta el día de hoy, el instrumento musical más antiguo descubierto es una flauta de hueso con 43,000 años de antigüedad hallada en una cueva en Alemania. Durante la Edad Media, su uso se expandió por toda Europa y Asia, llegando a haber 200 tipos diferentes de flautas. Actualmente, la más conocida es la flauta dulce.

99. ¿Cuál podría ser el título del párrafo?

(A) *La primera flauta.*

(B) *Los diferentes sonidos de la flauta.*

(C) *Una y mil historias sobre la flauta.*

(D) *La historia de la flauta.*

Comete el delito de robo todo aquel que se apodera de un bien inmueble ajeno, sin el consentimiento de su dueño. Mario Rivas introdujo a un carro estacionado en una calle solitaria. Lo logró encender y se lo llevó sin pedir permiso al dueño del mismo. Juan Pérez le quitó sigilosamente la cartera a una persona que esperaba en la fila para entrar al cine. Luego entonces, Mario Rivas y Juan Pérez han cometido el delito de robo.

100. ¿Qué se infiere del texto?

(A) Que Mario Rivas y Juan Pérez son ladrones.

(B) Que Mario Rivas y Juan Pérez debieron haber pedido el consentimiento de los dueños.

(C) Que las personas debemos ser más cuidadosos con nuestras pertenencias.

(D) Que los robos ocurren todo el tiempo, por lo tanto, hay que permanecer alertas.

El oficial apuesto, disgustado y a la vez preocupado, se movía nerviosamente recorriendo una y otra vez la distancia entre los extremos de un pasillo estrecho que comunicaba a su oficina con el patio principal del edificio. Los subalternos no salían de su asombro al ver el estado de exaltación de su jefe, pues conociendo el aplomo que siempre había mostrado, no se explicaba la razón de su impaciencia y de su estado de angustia. Se imaginaron que debía estar ocurriendo algo grave cuya solución estaba fuera de su alcance.

101. ¿Qué se describe en el párrafo?

(A) El oficial apuesto.

(B) El estado de ánimo del oficial.

(C) El estado de exaltación del oficial.

(D) Una situación peligrosa.

La ostra, con su aspecto blando y cuerpo resbaladizo, no es muy agradable a la vista; sin embargo, produce una de las cosas más hermosas de la naturaleza: las perlas. Vale la pena conocer cómo se forman las perlas, ya que éste es un proceso realmente interesante y raro.

Cuando la ostra—que ha nacido de un huevecito—todavía es muy pequeña, flota en la superficie del agua sin concha de ninguna clase, semejando un pedacito de gelatina. Cuando la ostra empieza a formar su concha, se va haciendo más pesada para flotar y se sumerge hasta el fondo del mar. Más tarde se adhiere a una roca o a cualquier otro cuerpo. Entonces abre sus valvas por donde penetra el agua del mar, la cual arrastra objetos pequeñísimos que le sirven a la ostra para alimentarse, crecer, y engordar.

En ocasiones, junto con esos objetos diminutos, vienen cuerpos extraños que se depositan entre la concha y el cuerpo de la ostra. Algunas veces ésta no puede arrojarlos hacia el exterior, por lo que permanecen ahí, causándole grandes molestias. Es entonces cuando empieza a producir un fluido que se desprende de su cuerpo y cubre al objeto extraño endureciéndose alrededor de él. Como este fluido emana sin cesar, se van formando capas superpuestas y de este modo, la cubierta del cuerpo extraño va creciendo lentamente hasta que se convierte a una perla hermosa.

102. ¿Qué frase podría sustituir la frase «sin cesar» de la antepenúltima línea?

(A) Sin agua.

(B) Sin penetrar.

(C) Sin fluir.

(D) Sin parar.

103. ¿De qué se trata el párrafo?

(A) De cómo se forman las perlas en las ostras.

(B) De las ostras y los objetos pequeñísimos que entran en ellas.

(C) De cómo nacen las ostras.

(D) De cómo sobreviven las perlas adentro de una ostra.

Un catedrático de Cambridge, John Mitchell, escribió un artículo en 1783 en las «Transacciones Filosóficas de la Sociedad Real de Londres», en el que señalaba que una estrella que fuera suficientemente masiva y compacta tendría un campo gravitatorio tan intenso que la luz no podría escapar. La luz emitida desde la superficie de la estrella sería arrastrada de vuelta hacia el centro por la atracción gravitatoria de la estrella, antes de que pudiera llegar muy lejos. Mitchell sugirió que podría haber un gran número de estrellas de ese tipo. A pesar de que no seríamos capaces de verlas porque su luz no nos alcanzaría, sí notaríamos su atracción gravitatoria. Estos objetos son los que hoy llamamos agujeros negros, ya que esto es precisamente lo que son: Huecos negros en el espacio.

~ Stephen W. Hawking, Historia del tiempo: de La Teoría de la Gran Explosión a los agujeros negros, 1988.

104. ¿Quién es el narrador del párrafo?

(A) John Mitchell.

(B) El autor.

(C) Stephen W. Hawking.

(D) «Las Transacciones Filosóficas de la Sociedad Real de Londres».

105. ¿De qué se trata el texto?

(A) De un catedrático de Cambridge.

(B) Sobre las estrellas.

(C) Sobre la luz de las estrellas.

(D) Sobre los agujeros negros.

106. ¿En qué año fue publicado el artículo original?

(A) 1988.

(B) 1783.

(C) 1898.

(D) 1873.

La cerámica de Puebla

1La fabricación de la cerámica de Puebla era bastante sencilla. Los barros que se empleaban provenían de las cercanías de la ciudad de Puebla. Por ejemplo, el blanco de San Bartolo, y el rojo y el negro de los cerros de Loreto y Guadalupe. Mezclados en partes iguales, la amalgama era batida por los pisadores. Después de haberse eliminado, las asperezas causadas por la basura y cuerpos extraños se exponía al sol y después se depositaba en un lugar húmedo durante cinco o seis meses, tiempo durante el cual adquiriría el barro la plasticidad necesaria para su manipulación. Entonces se moldeaban los objetos ya fuera a mano o por medio de un trono. Después de secarse completamente en lugares abrigados, se sometían al fuego del primer horno, llamado juguete, *una operación que era generalmente precedida por una ceremonia pequeña. Reunía al maestro del alfar, enfrente de la boca del horno, todos los oficiales, aprendices, y operarios permanecían descubiertos por algún tiempo en silencio religioso y después, el maestro pronunciaba con toda solemnidad las palabras: ¡Alabado sea por siempre el Santísimo Sacramento! y daba fuego al horno. Esta ceremonia se repetía al abrirse el horno para sacar las piezas ya cocidas. Los hornos para esta primera horneada eran generalmente cuadrados y de dimensiones pequeñas. Se usaba leña común y duraba la cocción de seis a siete horas. La ciudad de Puebla es la ciudad colonial más antigua de México. Al llegar los conquistadores españoles a la ciudad, se encontraron con una tradición con ya varios años de arraigo, bien dominada y desarrollada. Con ello, llegó cerámica importada así como alfareros españoles, quienes instalaron sus talleres, convirtiéndose Puebla en el mayor productor de cerámica del mundo. Su nombre proviene del origen de los primeros artesanos y por ser copia de la producida en Talavera de la Reina, España. Su elaboración conserva su carácter primitivo, pero su decoración se ha modificado recibiendo influencias como la morisca, la china, y las europeas que mezcladas con elementos locales le imprimen características únicas e inconfundibles. Su uso se inició en la arquitectura religiosa y más tarde en la civil, se aplicaron con utilitarios finos y en detalles decorativos. Con el tiempo, se fueron utilizando en superficies de tamaño mayor hasta llegar al máximo en el Siglo XVIII cuando su empleo se generalizó. Combinando azulejos con ladrillos, llegaron a cubrir fachadas completas. Jugando con medidas diferentes y formas geométricas, se crearon cochuras de gran originalidad. Adornaron pisos, patios, escaleras, fuentes, marcos de puertas y ventanas, etcétera. En las iglesias recubrían altares, torres, cúpulas, y portadas hasta hacer de Puebla la ciudad donde los diseños nos salen al encuentro por todas partes.*

107. ¿De qué se trata el texto?

(A) De la ciudad de Puebla y sus tradiciones.

(B) De la ceremonia para la cocción de la cerámica.

(C) Del proceso de fabricación de la cerámica.

(D) Del proceso de fabricación del barro.

108. ¿Cuánto dura el proceso del barro?

(A) De 6 a 7 horas.

(B) De 5 a 6 meses.

(C) De 6 a 7 meses.

(D) De 5 a 6 horas.

109. ¿Qué palabra podría sustituir la frase, *en silencio religioso* en la línea 12?

(A) En silencio cristiano.

(B) En silencio católico.

(C) En silencio absoluto.

(D) En silencio metódico.

110. En la línea 19: ¿A qué tradición se refiere el autor?

(A) A gritar *¡Alabado sea por siempre el Santísimo Sacramento!*

(B) A la cocción de la cerámica.

(C) A la obtención de barro.

(D) A la creación de la cerámica.

111. En la última línea, ¿qué significa la frase, *Nos sale al encuentro por todas partes*?

(A) Que es fácil comprarla.

(B) Que la hay por dondequiera.

(C) Que no es fácil encontrarla.

(D) Que todas las iglesias tienen cerámica.

112. ¿A qué se refiere la palabra, *cochuras* en la cuarta línea hacia el fondo del texto?

(A) A la cocción.

(B) A coser.

(C) A cocer.

(D) Al cochino.

113. ¿Cómo eran los hornos?

(A) Cuadrados y pequeños.

(B) Calientes y peligrosos.

(C) Costosos y pequeños.

(D) Antiguos y cuadrados.

La vida de Frida Kahlo es un gran cuadro dramático enmarcado por el dolor. Desde los seis años, cuando fue atacada por la parálisis hasta el día de su muerte, el sufrimiento no abandonó su cuerpo ni tampoco dejó de estar presente en sus obras. Es más, fue a causa del accidente que la invadió para siempre, cuando era estudiante de la Preparatoria en 1926, que se inició en la pintura. Un tranvía que arrastra un autobús, como tantas veces ha sucedido. Los hierros retorcidos que destrozan su cuerpo, también como tantas veces han sucedido. Sólo que en este caso la muerte se detuvo en seco cuando vio que su víctima, en la cama del hospital, encerrado su cuerpo en la cárcel de yeso, tomaba los pinceles que su padre le había regalado y empezaba a pintar.

Frida nació en Coyoacán. Su infancia en la casa en la que pasaría toda su vida ha quedado registrada en uno de sus cuadros. Infancia casi pueblerina, cuando Coyoacán estaba todavía rodeado de llanos, erizado de nopales y salpicado por la presencia de las humildes casas de adobe. Infancia de patio cerrado en el que la niña podía andar, aún desnuda, entre las plantas del jardín o recorrer los cuartos continuos y de techos altos en cuyos muros veía constantemente los retratos grandes ovalados de su padre, fotógrafo de profesión—Herr Kahlo—de su madre, Matilde Calderón, o de sus abuelos. Imágenes inolvidables que han quedado perpetuadas en su pintura. No es este cuadro el único que nos habla de su vida, sino casi todos los que hizo. Es una artista tan peculiar que pudo darse en su pintura un lujo que sólo los poetas se habían permitido: El de presentar sus sentimientos y sus emociones, su alegría, y su dolor, sus afectos, y sus gustos personales, subjetivos, artísticamente, alcanzando sin embargo, una proyección universal.

El cuadro que Frida Kahlo prefería, entre tantos que pintó, era Mi nodriza y yo—*un cuadro que en su composición me recuerda una pintura popular desconocida, propiedad de un médico rural oscuro, en la que la virgen lleva en sus brazos a Cristo. Y si Cristo, en la pintura popular "muere" en los brazos de su madre. Frida, en su pintura "vive" en los brazos de su nana. Vive gracias a las gotas de leche que florecen en el árbol glandular del pecho de esa nana indígena de piel bronceada y de rostro inmutable, máscara pétrea que es el símbolo genérico del pueblo que alimentó espiritualmente a la pintora.*

En la pintura de Frida Kahlo es evidente su amor por lo biológico, su apego a la naturaleza, sobre todo en dos de sus aspectos: El humano y el vegetal, que es como decir su amor y su apego por lo vital. Es casi una obsesión en sus cuadros—la representación del inicio de la vida, la fecundación y la gestación. ¡Cómo no iba a entusiasmarse ella que tanto sufrió -y lloró—su fracaso maternal! Tal vez la síntesis de su exaltación embriológica está de manifiesto como en ningún otro cuadro como en el "Moisés". La composición es muy simple—simetría con respecto a dos ejes perpendiculares que se encuentran en el centro. "Lo que yo quise expresar—dijo Frida en una charla en la que trató de explicar el sentido de su obra—que la razón por la que las gentes necesitan inventar o imaginar héroes y dioses es el puro miedo. Miedo a la vida y miedo a la muerte. Nos pinta una interpretación de Moisés. Nos pinta su propia vivencia. Es como todo lo que pinta Frida Kahlo."

~ Raúl Flores Guerrero, 1994.

114. ¿Qué mal asechó a Frida?

(A) Un accidente.

(B) La poliomielitis.

(C) Andar desnuda.

(D) Un autobús.

115. ¿Cuál era el lujo más grande que Frida se podía dar?

(A) Tener una casa bastante grande.

(B) Tener pinceles lujosos y poder pintar.

(C) Representar sus sentimientos en las pinturas.

(D) Vivir en Coyoacán.

116. ¿Quién alimentó la vida de la artista espiritualmente?

(A) Su nodriza indígena.

(B) Su nana indígena.

(C) Su pueblo indígena.

(D) Las pinturas y el arte mismo.

117. ¿Cuál fue la tristeza mayor de la artista?

(A) No poder ser madre.

(B) Haber sufrido un accidente.

(C) Expresar su sufrimiento en las pinturas.

(D) Su esposo, Diego Rivera.

118. ¿Qué representa Frida en la obra "Moisés"?

(A) El miedo.

(B) Los héroes.

(C) La vida.

(D) Su maternidad.

119. ¿Qué relación tenían Herr y Frida?

(A) Herr y Frida eran amigos.

(B) Herr era cliente de Frida y le compraba sus obras.

(C) Herr era el padre de Frida.

(D) Herr era el hermano de la nodriza de Frida.

120. De acuerdo con la lectura, ¿en qué año nació Frida Kahlo?

(A) En 1994.

(B) En 1926.

(C) En Coyoacán en 1944.

(D) No se especifica.

ANSWER KEY for Sample Test Two

Question Number	Correct Answer	Your Answer
1	D	
2	D	
3	D	
4	C	
5	C	
6	A	
7	B	
8	B	
9	C	
10	C	
11	C	
12	A	
13	A	
14	B	
15	A	
16	B	
17	B	
18	D	
19	C	
20	B	
21	D	
22	A	
23	C	
24	B	
25	B	
26	A	
27	A	
28	B	
29	C	
30	D	
31	C	
32	D	
33	A	
34	D	
35	A	
36	C	
37	D	
38	C	
39	C	
40	B	

Question Number	Correct Answer	Your Answer
41	A	
42	B	
43	A	
44	C	
45	B	
46	A	
47	D	
48	C	
49	C	
50	B	
51	B	
52	A	
53	B	
54	D	
55	A	
56	D	
57	B	
58	C	
59	A	
60	D	
61	D	
62	C	
63	D	
64	A	
65	B	
66	C	
67	C	
68	C	
69	A	
70	B	
71	B	
72	B	
73	A	
74	B	
75	D	
76	D	
77	B	
78	A	
79	C	
80	D	

Question Number	Correct Answer	Your Answer
81	C	
82	A	
83	A	
84	A	
85	A	
86	D	
87	B	
88	C	
89	B	
90	C	
91	D	
92	B	
93	A	
94	A	
95	A	
96	B	
97	D	
98	C	
99	D	
100	A	
101	B	
102	D	
103	A	
104	C	
105	D	
106	A	
107	C	
108	B	
109	C	
110	B	
111	B	
112	A	
113	A	
114	B	
115	C	
116	C	
117	B	
118	A	
119	C	
120	D	

EXPLANATIONS for Sample Test Two

Listening: Dialogues and Narratives

19. ¿Cuál era el tema central de la conversación entre María y Nico?

(A) El liderazgo y el trabajo en equipo.

(B) Un tipo de proceso nuevo.

(C) El desarrollo de actividades en un espacio de trabajo compartido.

(D) Las tendencias de mercadeo nuevas en el mundo.

La respuesta correcta es la C.
La respuesta correcta es la C, porque el coworking space es una nueva forma de trabajo, donde la estrategia es el trabajo en un mismo espacio de trabajo.

20. Además de compartir un mismo espacio de trabajo, el espacio para compañeros de trabajo permite:

(A) Espacios de trabajo poco flexibles y no tan prácticos.

(B) La oportunidad de compartir un espacio en línea para el desarrollo de sus actividades.

(C) La oportunidad de fomentar que las personas se comuniquen directamente con los clientes.

(D) La reducción de costos en la infraestructura.

La respuesta correcta es la B.
La respuesta correcta es la B, ya que según lo que narran en el texto, el coworking permite compartir un mismo espacio de trabajo virtual.

21. Nico está interesado en esta forma de trabajo nueva, pero:

(A) Él cree que el espacio para compañeros de trabajo genera desconcentración entre los mismos empleados.

(B) No esta tan seguro que el espacio para compañeros de trabajo fomenta colaboración entre los trabajadores.

(C) Él creé que genera competencia laboral y profesional.

(D) La narración no especifica cual es la posición de Nico frente a este tema.

La respuesta correcta es la D.

La respuesta correcta es la D, ya que al final de la conversación Nico expresa que le genera ciertas dudas pero no especifica cuáles son.

22. ¿Cuál es el problema que manifestó Mateo en la reunión?

(A) No le hicieron el seguimiento adecuado al producto.

(B) El producto presentó mala calidad.

(C) Se mezclaron dos referencias del producto.

(D) Cada clima requería de un producto específico según sus componentes.

La respuesta correcta es la A.

La respuesta correcta es la A, ya que la trazabilidad de un producto hace referencia al seguimiento o monitores que se le haga al mismo.

23. ¿Cuál fue la reacción del cliente?

(A) Devolvió todo el producto que tenía.

(B) Decidió no volver a la compañía a comprar ese producto.

(C) Definitivamente no quería volver a comprar ningún producto.

(D) Pidió la devolución de todo su dinero.

La respuesta correcta es la C.

La respuesta correcta es la C, porque el cliente no va a volver a comprar ningún tipo de producto.

24. ¿A qué se refiere Conny con la frase, "capturar el cliente"?

(A) Romper relaciones empresariales con él.

(B) Fidelizarlo para que vuelva a comprarle a ellos.

(C) Explicarle al cliente que fue lo que realmente sucedió.

(D) Aceptar su devolución.

La respuesta correcta es la B.
La respuesta correcta es la B, porque cuando Conny habla de capturar al cliente se refiere particularmente a fidelizarlo para que el compre de nuevo.

25. ¿Qué tenía el perro de Mile?

(A) Estaba un poco enfermo, pero su estado no era grave.

(B) Tenía cáncer, y su estado era realmente grave.

(C) Mile estaba confundida porque su mascota no tenía nada.

(D) Estaba tan grave que Diana le dijo a Mile que sólo le quedaba orar.

La respuesta correcta es la B.
La respuesta correcta es la B, ya que cuadro clínico mostró que la mascota de Mile tenía cáncer.

26. ¿A qué se refiere Mile cuando dice que el tumor hizo metástasis?

(A) A la propagación del cáncer de Venn a otro órgano.

(B) A su enfermedad.

(C) Al olor fétido que emanó el tumor de Venn.

(D) Al cáncer avanzado que tenía Venn.

La respuesta correcta es la A.
La respuesta correcta es la A, porque la palabra Metástasis en términos médicos significa la propagación del cáncer a otros órganos.

27. ¿Por qué no se podría salvar Venn?

(A) Porque su edad no le ayudaba.

(B) Porque no le trataron su enfermedad a tiempo.

(C) Porque no existían los tratamientos médicos adecuados para tratar su enfermedad.

(D) Porque cuando lo llevaron a la clínica ya se encontraba muerto.

La respuesta correcta es la A.
La respuesta correcta es la A, porque Diana le cede la razón a Mile, sobre la afirmación de que su perro esta anciano.

28. ¿En qué consiste el experimento de física que debe realizar Valentina?

(A) En el movimiento circular de un péndulo.

(B) En la medición del período de un péndulo.

(C) En averiguar cuál es el comportamiento del péndulo según los cambios del ambiente.

(D) En tomar las distancias D1 y D2.

La respuesta correcta es la B.
La respuesta correcta es la B, porque la práctica se trata de medir el tiempo que se demora un péndulo en realizar un ciclo.

29. ¿Qué debe hacer Valentina para iniciar el experimento?

(A) Debe evaluar las variables del entorno para decidir si afecta su experimento.

(B) Debe construir el péndulo para realizar el estudio.

(C) Debe conseguir los materiales que requiere el experimento.

(D) Debe hacer los ensayos necesarios para que el péndulo funcione bien antes de realizar el experimento.

La respuesta correcta es la C.
La respuesta correcta es la C, porque Valentina para construir el péndulo debe conseguir los materiales.

30. ¿Cuáles son las variables que debe medir Valentina en su experimento?

(A) La distancia que existe en cada ciclo y su tiempo.

(B) La masa de los objetos que va a utilizar para generar movimiento del péndulo, y el ángulo de cada ciclo.

(C) La longitud de la cuerda del péndulo y la masa de cada objeto.

(D) El peso y la longitud de la cuerda.

La respuesta correcta es la D.
La respuesta correcta es la D, porque tanto el peso como la longitud son variables físicas y tienen que ver con el experimento.

31. ¿Cuál es el paso más importante para que los langostinos queden en su punto?

(A) El tiempo de cocción de este ingrediente.

(B) Los condimentos que se utilicen.

(C) La cantidad de gramos de sal que se echa al agua.

(D) En donde se cocinen.

La respuesta correcta es la C.
La respuesta correcta es la C, ya que para Julián esta es la clave.

32. ¿Cuántos gramos de sal y litros de agua utilizó Julián?

(A) 60 gramos de sal y medio litro de agua.

(B) 50 gramos de sal y mil mililitros de agua.

(C) 71 gramos de sal y medio de agua.

(D) 70 gramos de sal y mil mililitros de agua.

La respuesta correcta es la D.
La respuesta correcta es la D, porque Julián utilizó 70 gramos de sal y 1 litro de agua.

33. Según, la narración:

(A) La graduación de Julián está cerca.

(B) Julián está comenzando su carrera de chef.

(C) Elkin fue profesor de Julián en algún momento de su carrera.

(D) Julián se demoró 180 minutos para hacer el plato.

La respuesta correcta es la A.
La respuesta correcta es la A, porque Julián al final de la narración comenta que la graduación será en dos meses.

34. Según la narración:

(A) La clonación sólo funciona en organismos vivos.

(B) La clonación es el proceso mediante el cual se toman muestras de código genético para averiguar la descendencia de cada persona.

(C) La clonación es un proceso que se realiza a madres que tengan enfermedades sin cura.

(D) La clonación se puede realizar a cualquier organismo sea vivo o muerto.

La respuesta correcta es la D.
La respuesta correcta es la D, ya que en la narración mencionan esta afirmación.

35. La clonación es un proceso mediante el cual los científicos buscan duplicar organismos y:

(A) Células madre para curar algunas enfermedades.

(B) Encontrar nuevas formas de vida.

(C) Crear un organismo a partir de otros con diferentes características.

(D) Integrar organismos en componentes orgánicos muertos.

La respuesta correcta es la A.
La respuesta correcta es la A, porque la clonación es el punto de partida para dar como resultado células madre para curar enfermedades.

36. La clonación se ofrece como una cura para:

(A) Aquellas personas que sufran trastornos sicológicos y emocionales.

(B) Animales que no puedan reproducirse.

(C) Personas que sufran enfermedades que afectan su calidad de vida.

(D) Que los animales produzcan proteínas que ofrezcan algunos beneficios para otros.

La respuesta correcta es la C.
La respuesta correcta es la C, ya que según la narración la clonación es utilizada principalmente para curar enfermedades.

37. ¿Por qué se potencializa la tecnología cada día?

(A) Porque las personas realizan compras más seguidas.

(B) Porque maneja las personas muy bien.

(C) Porque sus plataformas son muy asequibles.

(D) Porque han creado e ingresado sistemas de información al mercado.

La respuesta correcta es D

La respuesta correcta es D, porque el crecimiento de las tecnologías se debe a la incorporación de nuevos sistemas de información.

38. ¿Cuál ha sido el efecto negativo que ha producido la tecnología?

(A) Egoísmo a causa de los aparatos electrónicos.

(B) Enfermedades sicológicas y emocionales.

(C) Enfermedades diversas que producen el uso excesivo de aparatos electrónicos.

(D) Conflictos en la sociedad y la competitividad.

La respuesta correcta es la C.

La respuesta correcta es la C, porque las tecnologías producen enfermedades en cualquier parte del organismo.

39. ¿Qué manifiestan las personas sobre la tecnología?

(A) Que son las mejores invenciones, ya que han solucionado problemas diversos.

(B) Que son poco costosas, que implica que son más asequibles para cada una de ellas.

(C) Que han cambiado sus vidas hasta el punto de no poder estar sin ellas.

(D) Que han facilitado las interconexiones en el planeta.

La respuesta correcta es la C.

La respuesta correcta es la C, ya que al final de la narración mencionan que la tecnología porque su vida cambia cuando están sin ellas.

40. Las redes sociales se están utilizando como:

(A) Medios para publicar información.

(B) Redes sociales.

(C) Redes virtuales.

(D) Plataforma de comunicación inter-universitaria.

La respuesta correcta es la B.
La respuesta correcta es la B, ya que en la narración mencionan los usos del Facebook.

41. Facebook inició como:

(A) Una plataforma creada para la comunicación en un campus.

(B) Red social.

(C) Un medio para actualizar a las personas sobre informaciones de noticias.

(D) Un sistema de información y de comunicación.

La respuesta correcta es la A.
La respuesta correcta es la A, porque Facebook inicio en el campus de la universidad de Harvard.

42. Se estima que en el mes de julio de 2015, Facebook contaba con:

(A) Más capital para lograr su crecimiento.

(B) 1,650 millones de usuarios activos.

(C) Una interfaz nueva para lograr el agrado de las personas.

(D) Aplicaciones nuevas en los teléfonos avanzados.

La respuesta correcta es la B.
La respuesta correcta es la B, ya que Facebook en el mes de Julio contaba con este número de usuarios activos.

43. Además del aborto tradicional, ¿qué otro tipo de aborto existe?

(A) Espontáneo.

(B) Forzado.

(C) Natural.

(D) Voluntario.

La respuesta correcta es la A.

La respuesta correcta es la A, porque la otra clase de aborto que existe es el espontáneo que ocurre de forma natural.

44. ¿En qué estado se encuentra una mujer una vez que realiza el aborto?

(A) Dopada e inconsciente.

(B) Con las defensas muy bajas.

(C) Consciente.

(D) Enferma y angustiada.

La respuesta correcta es la C.

La respuesta correcta es la C, porque el estado de una mujer que realiza un aborto es consciente ya que lo hace de manera voluntaria.

45. ¿Cuál es la entidad que se interpone para que no se legalice el aborto?

(A) El gobierno y la sociedad en general.

(B) La iglesia.

(C) Organismos internacionales.

(D) La comunidad.

La respuesta correcta es la B.

La respuesta correcta es la B, porque la iglesia es el principal ente, que se opone a la legalización del aborto.

46. ¿Por qué quieren mejorar sus procesos productivos las empresas?

(A) Para enfrentar la competencia fuerte y los precios bajos.

(B) Para mejorar su imagen ante los clientes.

(C) Porque se valorizan sus productos.

(D) Porque disminuyen los costos fijos.

La respuesta correcta es la A.
La respuesta correcta es la A, porque las empresas se ven obligadas a hacerlo por la fuerte competencia y los precios de la misma.

47. ¿Cuál es uno de los beneficios principales que obtienen los gerentes de las compañías con la instalación de las líneas automatizadas?

(A) La disminución en los impuestos.

(B) El incremento del tiempo libre de los altos mandos.

(C) La estabilidad laboral.

(D) El ahorro de costos con respecto al personal.

La respuesta correcta es la D.
La respuesta correcta es la D, ya que la implementación de líneas de automatización permite la omisión del trabajo del hombre.

48. ¿Cuál es el problema que ha generado la instalación de líneas de automatización?

(A) El incremento de los costos fijos y variables.

(B) El incremento del costo en el mantenimiento de las instalaciones.

(C) El despido de empleados.

(D) La infraestructura.

La respuesta correcta es la C.
La respuesta correcta es la C, ya que la instalación de estas líneas, no necesita la operación de varias personas.

Reading Part A: Discreet Sentences

49. Ramón se enorgullecía de ____ a sus dos hijos a estudiar a Harvard.

(A) estudiar

(B) haber estudiado

(C) haber enviado

(D) hubo enviado

La respuesta correcta es C

El verbo "enorgullecía" nos indica que la siguiente acción deberá ir en infinitivo perfecto.

50. ¿ ____ está la península de Yucatán?

(A) Donde

(B) Dónde

(C) dónde

(D) done

La respuesta correcta es B.

La palabra "Dónde" es tónica y lleva tilde diacrítica cuando tiene sentido interrogativo y exclamativo. La palabra "donde" no lleva tilde diacrítica cuando funciona como pronombre relativo.

51. La sangre sabe a cobre ____ hierro.

(A) e

(B) y

(C) u

(D) para

La respuesta correcta es B.

La conjunción "e" se utiliza cuando la siguiente palabra comienza por "i" o "hi". Sin embargo, no debe usarse ante el diptongo "hie".

52. Los argentinos ____ mate por la mañana todos los días.

(A) tomamos

(B) tomar

(C) tomado

(D) tomando

La respuesta correcta es A.
Cuando el sujeto es un sustantivo plural y se desea señalar que en su referencia está incluida la persona que habla o a quien se habla, el verbo se pondrá, respectivamente, en primera o en segunda persona del plural "Los argentinos tomamos"

53. El hermano de Diego López trabaja para la ____ .

(A) CÍA.

(B) CIA.

(C) AIC.

(D) SÍA.

La respuesta correcta es B.
La regla indica que todas las letras mayúsculas se acentúan, tanto si se trata de palabras escritas en su totalidad con mayúsculas como si se trata únicamente de la mayúscula inicial. La excepción a la regla es si las mayúsculas forman parte de siglas, en este caso la CIA (sigla del inglés Central Intelligence Agency) no lleva tilde, aun y cuando el hiato entre la vocal cerrada tónica y la vocal abierta átona exigiese, según las reglas de acentuación, acentuar la "i".

54. No me decido si tomar café ____ té.

(A) y

(B) e

(C) u

(D) o

La respuesta correcta es D.

La conjunción "o" tiene significado de opción: se presentan varías posibilidades. La palabra "decido" indica que hay que llevar a cabo tan solo una de las opciones, por lo que la opción A se elimina. La palabra "té" comienza con la letra "t" por lo que las opciones B y C quedan fuera. De ahí que, la opción D sea la correcta.

55. ____ quienes son los vecinos nuevos.

(A) No sé

(B) No se

(C) No lo sabe

(D) No sabía

La respuesta correcta es A.

La expresión "No sé" está formada por el adverbio de negación "no" y la forma verbal de primera persona del singular del presente indicativo del verbo ser, "sé". La expresión "no sé" es la negación del verbo ser en primera persona. Por lo tanto, la respuesta correcta A.

56. Ayer por la tarde, a esta misma hora, yo estaba ____ ejercicio en el gimnasio.

(A) corriendo

(B) tenido

(C) trotado

(D) haciendo

La respuesta correcta es D.
Es la opción que mejor complementa la oración y describe la acción del sujeto basado en el contexto dado. Los diferentes elementos de la oración proporcionan datos que así lo indican, tales como: "ayer por la tarde", indicando una acción en el pasado y "a esta misma hora" señala que la acción es continua. Eliminando así las opciones B y C que se encuentran en tiempo perfecto. Sin embargo, el sustantivo "ejercicio" y el elemento circunstancial de lugar "en el gimnasio" indican que la mejor respuesta es la D "haciendo", ya que la opción A no tendría sentido, puesto que el ejercicio no se corre, si no que se realiza o, en este caso, hace por parte del sujeto.

57. ____ quienes no tiramos la basura en su lugar, contaminando el medio ambiente.

(A) Soy

(B) Hay personas, incluyéndome,

(C) Hemos

(D) Éramos

La respuesta correcta es B.
"Habemos" no existe, es un vulgarismo propio de la actualidad, por lo que la opción A queda descartada como posible respuesta correcta. Ya que, si quien habla requiere incluirse en la referencia, no debe emplear el verbo "haber" en supuesta primera persona del plural, como se hace de manera popular. Por lo que la mejor respuesta es B, en donde el sujeto se incluye mediante el empleo de distintas palabras y puntuación. Mientras que las opciones C y D no concuerdan con la sintaxis de la oración, por lo que quedan eliminadas como posibles respuestas correctas.

58. Mi hermanita de tres años tiene una ____ de muñecas con la que juega todos los días.

(A) mansión

(B) casona

(C) casita

(D) canasto

La respuesta correcta es C.
Es la opción que mejor complementa el significado de la oración en base al contexto. La palabra "casita" es el diminutivo del sustantivo "casa", la cual, habla sobre el tamaño pequeño del mismo. Si se indica de que el sujeto es un infante de 3 años y que, además, el sustantivo faltante es "de muñecas" es poco probable que la oración se refiera a una mansión, a una casona o a un canasto, dados los significados de dichas palabras.

59. Si Matías dejara la universidad para perseguir su sueño de ser pintor, ____ lo perdonaría ____ su padre ____ su madre.

(A) no, ni, ni

(B) ni, ni, ni

(C) no, ni, y

(D) si, y, y

La respuesta correcta es A.
En Español la doble negación, es decir, la concurrencia de dos negaciones en una oración, refuerza el sentido de negación de la oración. Siempre en primer lugar el adverbio "no" seguido del verbo para después incluir los elementos negativos de refuerzo.

60. Mi tía Ana trabaja en una empresa de tele-mercadeo. Ella habla ____ veces por teléfono

(A) muchos

(B) muy

(C) mucha

(D) muchas

La respuesta correcta es D.
El número y género del adjetivo "mucho" está determinado por el sustantivo "veces" mismo que es de género femenino y se encuentra en plural. De ahí que, la opción D es la respuesta correcta.

61. Mañana es Navidad y toda mi familia estará aquí. Mi hermanito Rafael y yo ____ muy ____ .

(A) estamos, contento

(B) estamos, contentes

(C) está, contente

(D) estamos, contentos

La respuesta correcta es D.
Los sujetos "Mi hermanito" y "yo" indican que la conjugación del verbo debe ser en plural. Del mismo modo, al ser un colectivo, este puede referirse en masculino de forma general. Ya que la palabra "contentes" no existe, la única opción que cumple con dichas cualidades es la opción D.

62. Hoy estoy cansada por tanto trabajo, pero en un mes ____ en la playa.

(A) estaba gozando

(B) he estado gozando

(C) estaré gozando

(D) estaría gozando

La respuesta correcta es C.

Al leer la oración, nótese el complemento circunstancial de tiempo "en un mes", el cual indica tiempo futuro. Por otra parte, el contexto, señala que la acción además de estar en futuro, es continua. Por lo que el verbo faltante deberá estar conjugado en futuro continuo. Siendo la opción D la correcta.

63. Viví en la Florida ____ seis años y medio.

(A) desde

(B) en

(C) con

(D) por

La respuesta correcta es D.

"Por" es una preposición que denota un período de tiempo.

64. El caviar está hecho ____ los huevos del esturión.

(A) con

(B) para

(C) por

(D) en

La respuesta correcta es A.

"Con" es una preposición que introduce complementos que significan el medio, el modo o el instrumento.

65. Carlota e Pedro ____ haciendo su tarea.

(A) está

(B) están

(C) estoy

(D) estamos

La respuesta correcta es B.

El sujeto de la oración indica 2 sustantivos, por lo que el verbo deberá ir conjugado en plural. Mientras que el adjetivo posesivo "su" indica que se habla de ellos, por lo que el verbo, además de ir conjugado en plural, deberá estar en tercera persona. Por lo tanto la respuesta correcta es B.

66. ____ yo tuviera mucho dinero, viajaría por todo el mundo.

(A) Cuando

(B) Todavía

(C) Si

(D) Aun y cuando

La respuesta correcta es C.

En esta oración la palabra "si" funciona como conjunción condicional. Al analizar las opciones que se muestran, la opción C se presenta como la mejor respuesta correcta posible.

67. Mi hermanita fue concebida ____.

(A) in fraganti

(B) ipso facto

(C) in vitro

(D) quid pro quo

La respuesta correcta es C.

"in vitro" es una locución latina, adjetivo y adverbio muy común que designa a la fecundación de embriones realizada fuera del organismo, en el vidrio de tubo de ensayo.

Reading Part B: Short Cloze Passages

I. El león es __68__ mamífero carnívoro. __69__ leones son tan __70__ que llegan a pesar 250 kilogramos. Los leones salvajes __71__ en África y Asia.

68. (A) ser
(B) es
(C) un
(D) unos

69. (A) Algunos
(B) Algunas
(C) Alguno
(D) Alguna

70. (A) altos
(B) gordos
(C) feroces
(D) grandes

71. (A) vivirán
(B) viven
(C) pueden vivir
(D) vivir

68. La respuesta correcta es C.
El sustantivo y el adjetivo en esta oración son masculinos y singulares. Necesitan un artículo masculino y singular para completarla. Las respuestas A y B son verbos y no son correctas. Aunque la respuesta D ofrece artículo masculino, es plural y no es correcto. La única opción que ofrece un artículo masculino singular es la respuesta C, y por esa razón es la respuesta correcta.

69. La respuesta correcta es A.
El sustantivo es masculino y plural, y necesita un pronombre masculino y plural para empezar la oración. La respuesta B ofrece un pronombre femenino y plural y no es correcta. La respuesta C ofrece un pronombre masculino y singular y no es correcta. La respuesta D ofrece un pronombre femenino y singular y no es correcta. La respuesta A ofrece un pronombre masculino y plural, y es la respuesta correcta.

70. La respuesta correcta es B.

Se necesita un adjetivo masculino plural para completar la oración. Aunque todas las respuestas proveen tal tipo de adjetivo, el más apropiado el que ofrece la respuesta B, porque el tema de la oración se trata de peso.

71. La respuesta correcta es B.

La oración es presentada en el presente. El sustantivo es plural y necesita un verbo plural en el presente para completar la oración. Aunque son plurales, las respuestas ofrecidas por A, C, y D, son en el futuro y no son correctas. Por lo tanto, la respuesta ofrecido por B es la única en el presente y por esa razón es la correcta.

II. El __72__ es demostrar sentimientos de amor o cariño a alguien o algo. El __73__ que tiene el __74__ de dicho sentimiento en las personas puede causar enfermedades y trastornos psicológicos. Especialmente en los __75__ de uno a siete años.

72. (A) efecto

(B) afecto

(C) defecto

(D) artefacto

73. (A) efecto

(B) afecto

(C) defecto

(D) artefacto

74. (A) pérdida

(B) exceso

(C) falta

(D) decadencia

75. (A) infantiles

(B) monos

(C) infantería

(D) infantes

72. La respuesta correcta es B.

La respuesta correcta es (B) porque la definición de la palabra "afecto" es la demostración de amor o cariño a alguien o algo.

73. La respuesta correcta es A.

La respuesta correcta es (A) porque el sinónimo de la palabra "efecto" es "resultado" y completa la oración más correctamente que las definiciones de opciones disponibles por medio de B, C, y D.

74. La respuesta correcta es B.

La respuesta correcta es (B) debido al tema de la oración, y el artículo masculino posicionado anteriormente del sustantivo que falta. La respuesta B es la única que ofrece un sustantivo masculino, mientras que las opciones A, C, y D ofrecen sustantivos femeninos, y por esa razón la respuesta correcta es (B).

75. La respuesta correcta es D.

La respuesta correcta es (D) porque se necesita un sustantivo para completar la oración. La respuesta ofrecida por medio de (A) es adjetivo y no es correcta. Aunque las respuestas ofrecidas por medio de (B) y (C) son sustantivos, no tienen relación al tema de la oración y no son correctas tampoco. La única respuesta que ofrece sustantivo relacionado al tema de la oración final que se refiere a "de uno a siete años" es la (D), y por esa razón es la correcta.

III. Cleopatra __76__ la última reina del Antiguo Egipto. Ella __77__ el trono a la edad de 18 __78__ su hermano Ptolomeo de sólo 12 años de edad. Quien __79__ su esposo. A Cleopatra se le ha atribuido una belleza excepcional.

76. (A) ha sido

(B) era

(C) es

(D) fue

77. (A) heredaba

(B) heredó

(C) heredado

(D) estabaheredando

78. (A) junto a

(B) debido a

(C) ya que

(D) junto con

79. (A) es

(B) serían

(C) sería

(D) seria

76. La respuesta correcta es D.

Ya que el tema es histórico, se necesita un verbo en el pasado para completar la oración correctamente. En este caso, el verbo indicativo en el pasado de forma pretérito que ofrece la respuesta (D) es el preferido usar, en vez de la forma imperfecta, cual ofrece la respuesta (B). Los verbos ofrecidos por medio de las respuestas (A) y (C) son en el presente y por lo tanto no son correctos.

77. La respuesta correcta es B.

La respuesta correcta es (B) porque según el tema del texto, se necesita un verbo indicativo pretérito para completar la oración, y la respuesta (B) es la única que lo provee. La opción disponible por medio de (A) es verbo indicativo imperfecto y no es correcta. La respuesta disponible por medio de (C) es verbo imperfecto sin indicación del tipo (condicional, pretérito, etcétera) también no es correcto. Además, el verbo disponible por medio de (D) es gerundio y no es correcto tampoco.

78. La respuesta correcta es A.

Se necesita una preposición para completar la oración. Aunque todas las respuestas disponibles consisten de frases preposicionales, según la historia de Egipto, la más apropiada es la (A).

79. La respuesta correcta es C.

Según el tema del texto, se necesita un verbo singular en el pasado para completar la pregunta. La respuesta (A) ofrece un verbo en el presente y no es correcta. La respuesta (B) ofrece un verbo en el pasado plural y no es correcto. Y la respuesta (D) no lleva tilde y por esa razón, resulta en ser adjetivo femenino. La única opción que ofrece el verbo singular en el pasado que se necesita es (C), y por eso es la respuesta correcta.

IV. En México existe una ciudad llamada Saltillo, ubicada al __80__ de la Ciudad de Monterrey. Saltillo fue __81__ por los españoles en 1575 en lo que ahora se conoce como el Centro Histórico. __82__ sector __83__ mantiene su identidad Europea, visible en la arquitectura del lugar.

80. (A) éste
(B) esté
(C) está
(D) este

81. (A) fundación
(B) fundición
(C) fundada
(D) fundó

82. (A) Éste
(B) Esté
(C) Está
(D) Este

83. (A) aún
(B) aun
(C) aun y cuando
(D) aún y cuando

80. La respuesta correcta es D.

Dado el tema de la oración necesita un sustantivo para ser completa. La respuesta ofrecida por medio de A es adjetivo y no es correcta. Las respuestas ofrecidas por medio de B y C son verbos y no son correctas. La única respuesta que provee el sustantivo que se necesita para completar la oración es la respuesta D, y por esa razón es la correcta.

81. La respuesta correcta es C.

Se necesita un participio para completar la oración. Las respuestas A y B ofrecen sustantivos y no son correctas. La respuesta D ofrece un verbo singular en el pasado y no es correcta. La única respuesta que ofrece el participio que se necesita para completar la oración es la respuesta C, y por esa razón es la correcta.

82. La respuesta correcta es A.

Se necesita un adjetivo para completar la oración. Las respuestas B y C ofrecen verbos y no son correctas. La respuesta D ofrece un sustantivo y no es correcta. La única respuesta que ofrece el adjetivo que se necesita para completar la oración es la respuesta A, y por esa razón es la correcta.

83. La respuesta correcta es A.

Sólo se necesita un adverbio para completar la oración. Las respuestas C y D ofrecen una frase con adverbio y dado el tema y el sentido de la oración, no son correctas. Aunque las respuestas A y B proveen adverbios, dado el tema y el sentido de la oración, la respuesta más apropiada es aquella ofrecida por medio de la respuesta A, y por esa razón es la correcta.

Sample Test Two

V. Mi vecina toca el piano todos los días a las cinco de la tarde. Ella vive __84__ casa. __85__ la familia Smith __86__ la familia Martínez. __87__, ella toma el té a las seis de la tarde.

84. (A) enfrente de mi
(B) enfrente mío
(C) por frente de
(D) en frente

85. (A) Atrás de
(B) Entre
(C) Por
(D) Debajo

86. (A) ni
(B) para
(C) y
(D) vive

87. (A) Antes
(B) Luego
(C) Nunca
(D) Ayer

84. La respuesta correcta es A.
Dado que un sustantivo está posicionado al final de la oración, es claro que necesita un pronombre posesivo para ser completa. Las respuestas C y D ofrecen frases prepositivas y no son correctas. Aunque las respuestas A y B incluyen pronombres posesivos, dado el tema de la oración, la respuesta más apropiada es aquella ofrecida por medio de A.

85. La respuesta correcta es A.
Se necesita una preposición, para completar la oración. Aunque todas las respuestas desde A hasta D ofrecen preposiciones, dado el tema del texto, la respuesta más apropiada es aquella ofrecida por medio de A.

86. La respuesta correcta es D.
Se necesita un verbo para completar la oración. Las respuestas A y C ofrecen conjunciones y no son correctas. La respuesta B ofrece una preposición y no es correcta. La única respuesta que ofrece el verbo que se necesita es la respuesta D, y por esa razón es la correcta.

87. La respuesta correcta es B.

Se necesita un adverbio para completar la oración. Las respuestas A y C ofrecen conjunciones y no son correctas. La respuesta B ofrece una preposición y no es correcta. La única respuesta que ofrece el verbo que se necesita es la respuesta D, y por esa razón es la correcta.

VI. __88__ gustaría que por __89__ vez en mi vida, alguien __90__ trajera serenata. Las serenatas son composiciones musicales que se __91__ en las calles al atardecer o por las noches.

88. (A) Te
(B) Le
(C) Me
(D) Se

89. (A) un
(B) una
(C) uno
(D) unos

90. (A) te
(B) le
(C) me
(D) se

91. (A) cantar
(B) cantaron
(C) cantaban
(D) cantan

Sample Test Two

88. La respuesta correcta es C.

Se necesita un pronombre en primera persona para completer la oración. La respuesta A ofrece un pronombre en segunda persona y no es correcta. Las respuestas B y D ofrecen pronombres en tercera persona y no son correctas tampoco. La única respuesta que ofrece el pronombre en primera persona que se necesita es la respuesta C, y por esa razón es la correcta.

89. La respuesta correcta es B.

Se necesita un adjetivo femenino singular para completer la oración. La respuesta A ofrece un artículo indefinido y no es correcta. La respuesta C ofrece un sustantivo masculino singular y no es correcta tampoco. La respuesta D ofrece sustantivo plural y no es correcta. La única respuesta que ofrece el adjetivo femenino singular que se necesita es la respuesta B, y por esa razón es la correcta.

90. La respuesta correcta es C.

Se necesita un pronombre en primera persona para completer la oración. La respuesta A ofrece un pronombre en segunda persona y no es correcta. Las respuestas B y D ofrecen pronombres en tercera persona y no son correctas tampoco. La única respuesta que ofrece el pronombre en primera persona que se necesita es la respuesta C, y por esa razón es la correcta.

91. La respuesta correcta es D.

Se necesita un verbo plural en el presente para completer la oración. Las respuestas B y C ofrecen verbos plurals en el pasado y no son correctas. Aunque las respuestas ofrecidas por medio de A y D son verbos plurales en el presente, dado el sentido de la oración, la respuesta más mejor es aquella ofrecida por medio de D, y por esa razón es la correcta.

Reading Part C: Reading Passages & Authentic Stimulus Material

(c) iStockphoto.com/giovanniortiz/19077737

92. ¿Qué acción realiza el niño?

(A) Aprender.

(B) Escuchar.

(C) Hablar.

(D) Escribir.

La respuesta correcta es la B.
Es claro que el niño no está realizando la acción de aprender, hablar, o escribir en la imagen. Por esas razones, las respuestas A, C, y D no son correctas. El niño solamente está escuchando, y por esa razón, la respuesta correcta es la B.

(c) iStockphoto.com/SelectStock/19777692

93. ¿Qué se observa en la imagen?

(A) Una mujer y dos niños.

(B) Una vendedora.

(C) Una hacienda.

(D) Una feria.

La respuesta correcta es la A.
Ninguna vendedora, hacienda, o feria se observa en la imagen. Se observan una mujer y dos niños, y por esa razón la respuesta A es la correcta.

(c) iStockphoto.com/SelectStock/19788501

94. ¿Quién es el sujeto?

(A) Una joven.

(B) Una pintura.

(C) Una niña.

(D) Una anciana.

La respuesta correcta es la A.
Aunque se ve una pintura en la imagen, no es el sujeto principal, y por esa razón, la respuesta B no es correcta. Ninguna niña o anciana se ve en la imagen, y por esas razones, las respuestas C y D no son correctas tampoco. Una joven es el sujeto en la imagen, y por esa razón, la respuesta A es la correcta.

(c) iStockphoto.com/jfmdesign/86947005

95. ¿Qué tipo de documento es?

(A) Una noticia.

(B) Una invitación.

(C) Un contrato.

(D) Una carta.

La respuesta correcta es la A.
Según el contenido y la forma del documento presentado, es claro que no es invitación, contrato, u carta. Por esas razones, las respuestas B, C, y D. no son correctas. El documento presentado es noticia, y por esa razón, la respuesta correcta es la A.

96. ¿De qué se trata el documento?

(A) De una lluvia de meteoritos.

(B) De una lluvia de estrellas artificial.

(C) De una lluvia de estrellas.

(D) De un juego de pelotas.

La respuesta correcta es la B.

Según el titular y contenido del documento, no se trata de meteoritos, lluvia de estrellas (reales) o de un juego de pelotas. Por esas razones, las respuestas A, C, y D no son correctas. El titular y el contenido del documento enfocan en una lluvia de estrellas artificiales, y por esas razones, la respuesta correcta es la B.

Mi amigo, Manuel que está visitando a sus familiares en España le mandó un mensaje a mi amigo, Juan y esto fue lo que Juan me dijo:

Manuel está en Santa Margarita—un pueblo de la isla de Palma de Mallorca, visitando a su tío Xavi, hermano de su padre. Ellos tienen un caballo, Timoteo. Es de Iker, hijo de su tío, pero el pobre animal es muy viejo y ya no trabaja. En el viaje también iba una niña, la sobrina de una amiga de su tío. Se llama Paloma y vive en la Ciudad de Cádiz. Ella tiene un gato llamado Frufrú. Pronto llegará Manuel de su viaje.

97. ¿Cómo se llama el primo de Manuel?

(A) Frufrú.

(B) Timoteo.

(C) Xavi.

(D) Iker.

La respuesta correcta es la D.
Según la información en el texto, sabemos que Frufrú es el nombre de un gato, y por esa razón, la respuesta A no es correcta. También del texto, sabemos que Timoteo es el nombre de un caballo, y por esa razón, la respuesta B no es correcta. El texto también nos informa que el tío de Manuel se llama Xavi, y por esa razón, la respuesta C no es correcta tampoco. Por medio del texto se revela que Iker es el hijo de Xavi, (y por medio de esa relación, el primo de Manuel). Por esas razones, la respuesta correcta es la D.

Hace cinco años que Lucas Ramírez comenzó a raspar sus paredes para reformar su casa en la aldea guatemalteca de Chajul. A medida que el yeso caía, un mural de pared múltiple Maya iba viendo la luz por primera vez en siglos. Así fue como esta familia encontró un tesoro Maya en la pared de su cocina.

98. ¿De qué trata el texto?

(A) De las paredes de una cocina.

(B) De la remodelación de una casa.

(C) De una pintura Maya.

(D) Del yeso que cubría un mural.

La respuesta correcta es la C.
Aunque se mencionan las paredes de una cocina, la remodelación de una casa, y el yeso que cubría un mural, simplemente son detalles y no son el tema principal del texto. Por esas razones, las respuestas A, B, y D no son las respuestas correctas. El tema principal del texto es una pintura Maya, y por esa razón, la respuesta correcta es la C.

De entre los instrumentos musicales, la flauta es el más antiguo de todos ellos. Hasta el día de hoy, el instrumento musical más antiguo descubierto es una flauta de hueso con 43,000 años de antigüedad hallada en una cueva en Alemania. Durante la Edad Media, su uso se expandió por toda Europa y Asia, llegando a haber 200 tipos diferentes de flautas. Actualmente, la más conocida es la flauta dulce.

99. ¿Cuál podría ser el título del párrafo?

(A) *La primera fla*uta.

(B) Los diferentes sonidos de la flauta.

(C) Una y mil historias sobre la flauta.

(D) La historia de la *flauta.*

La respuesta correcta es la D.
Según el contenido del párrafo, no se mencionan la primera flauta o los diferentes sonidos de la flauta. Por esas razones, podemos decir que las respuestas A y B no son correctas. El párrafo no incluye una y mil historias sobre la flauta, y por esa razón, la respuesta C no es correcta tampoco. Sin embargo, al revisar el texto del párrafo en total, es claro que el título apropiado podría ser, «La historia de la flauta», y por esa razón, la respuesta correcta es la D.

Comete el delito de robo todo aquel que se apodera de un bien inmueble ajeno, sin el consentimiento de su dueño. Mario Rivas introdujo a un carro estacionado en una calle solitaria. Lo logró encender y se lo llevó sin pedir permiso al dueño del mismo. Juan Pérez le quitó sigilosamente la cartera a una persona que esperaba en la fila para entrar al cine. Luego entonces, Mario Rivas y Juan Pérez han cometido el delito de robo.

100. ¿Qué se infiere del texto?

(A) Que Mario Rivas y Juan Pérez son ladrones.

(B) Que Mario Rivas y Juan Pérez debieron haber pedido el consentimiento de los dueños.

(C) Que las personas debemos ser más cuidadosos con nuestras pertenencias.

(D) Que los robos ocurren todo el tiempo, por lo tanto, hay que permanecer alertas.

La respuesta correcta es la A.

Según la información en el texto, no se infiere que Mario Rivas y Juan Pérez debieron haber pedido el consentimiento de los dueños. Tampoco se menciona que las personas debemos ser más cuidadosos con nuestras pertenencias; o que los robos ocurren todo el tiempo, y que por lo tanto hay que permanecer alertas. Por esas razones, las respuestas B, C, y D no son correctas. Evaluando el texto en total, se puede decir que se infiera entre ello, que Mario Rivas y Juan Pérez son ladrones, y por esa razón, la respuesta correcta es la A.

El oficial apuesto, disgustado y a la vez preocupado, se movía nerviosamente recorriendo una y otra vez la distancia entre los extremos de un pasillo estrecho que comunicaba a su oficina con el patio principal del edificio. Los subalternos no salían de su asombro al ver el estado de exaltación de su jefe, pues conociendo el aplomo que siempre había mostrado, no se explicaba la razón de su impaciencia y de su estado de angustia. Se imaginaron que debía estar ocurriendo algo grave cuya solución estaba fuera de su alcance.

101. ¿Qué se describe en el párrafo?

(A) El oficial apuesto.

(B) El estado de ánimo del oficial.

(C) El estado de exaltación del oficial.

(D) Una situación peligrosa.

La respuesta correcta es la B.

Según el tema de la lectura, la respuesta correcta es la B.

La ostra, con su aspecto blando y cuerpo resbaladizo, no es muy agradable a la vista; sin embargo, produce una de las cosas más hermosas de la naturaleza: las perlas. Vale la pena conocer cómo se forman las perlas, ya que éste es un proceso realmente interesante y raro.

Cuando la ostra—que ha nacido de un huevecito—todavía es muy pequeña, flota en la superficie del agua sin concha de ninguna clase, semejando un pedacito de gelatina. Cuando la ostra empieza a formar su concha, se va haciendo más pesada para flotar y se sumerge hasta el fondo del mar. Más tarde se adhiere a una roca o a cualquier otro cuerpo. Entonces abre sus valvas por donde penetra el agua del mar, la cual arrastra objetos pequeñísimos que le sirven a la ostra para alimentarse, crecer, y engordar.

En ocasiones, junto con esos objetos diminutos, vienen cuerpos extraños que se depositan entre la concha y el cuerpo de la ostra. Algunas veces ésta no puede arrojarlos hacia el exterior, por lo que permanecen ahí, causándole grandes molestias. Es entonces cuando empieza a producir un fluido que se desprende de su cuerpo y cubre al objeto extraño endureciéndose alrededor de él. Como este fluido emana sin cesar, se van formando capas superpuestas y de este modo, la cubierta del cuerpo extraño va creciendo lentamente hasta que se convierte a una perla hermosa.

102. ¿Qué frase podría sustituir la frase «sin cesar» de la antepenúltima línea?

(A) Sin agua.

(B) Sin penetrar.

(C) Sin fluir.

(D) Sin parar.

La respuesta correcta es la D.
La frase «sin parar» puede sustituir por la frase «sin cesar» en la antepenúltima línea de la lectura.

103. ¿De qué se trata el párrafo?

(A) De cómo se forman las perlas en las ostras.

(B) De las ostras y los objetos pequeñísimos que entran en ellas.

(C) De cómo nacen las ostras.

(D) De cómo sobreviven las perlas adentro de una ostra.

La respuesta correcta es la A.

Según la información en la lectura, el párrafo se trata de cómo se forman las perlas en las ostras; y la respuesta correcta es la A.

Un catedrático de Cambridge, John Mitchell, escribió un artículo en 1783 en las «Transacciones Filosóficas de la Sociedad Real de Londres», en el que señalaba que una estrella que fuera suficientemente masiva y compacta tendría un campo gravitatorio tan intenso que la luz no podría escapar. La luz emitida desde la superficie de la estrella sería arrastrada de vuelta hacia el centro por la atracción gravitatoria de la estrella, antes de que pudiera llegar muy lejos. Mitchell sugirió que podría haber un gran número de estrellas de ese tipo. A pesar de que no seríamos capaces de verlas porque su luz no nos alcanzaría, sí notaríamos su atracción gravitatoria. Estos objetos son los que hoy llamamos agujeros negros, ya que esto es precisamente lo que son: Huecos negros en el espacio.

~ Stephen W. Hawking, Historia del tiempo: de La Teoría de la Gran Explosión a los agujeros negros, 1988.

104. ¿Quién es el narrador del párrafo?

(A) John Mitchell.

(B) El autor.

(C) Stephen W. Hawking.

(D) «Las Transacciones Filosóficas de la Sociedad Real de Londres».

La respuesta correcta es la C.

Según la alusión al catedrático y al nombre de John Mitchell en el principio del párrafo, indica que ni la respuesta A ni la respuesta B son las respuestas correctas. «Las Transacciones Filosóficas de la Sociedad Real de Londres» es mencionada como el título de un artículo escrito por John Mitchell—el catedrático. Y eso deja solamente la respuesta C como la respuesta correcta.

105. ¿De qué se trata el texto?

(A) De un catedrático de Cambridge.

(B) Sobre las estrellas.

(C) Sobre la luz de las estrellas.

(D) Sobre los agujeros negros.

La respuesta correcta es la D.
Según el contenido del texto, se trata de los agujeros negros.

106. ¿En qué año fue publicado el artículo original?

(A) 1988.

(B) 1783.

(C) 1898.

(D) 1873.

La respuesta correcta es la A.
Apareciendo junto con el nombre del autor y el título del artículo, el año 1988 es anotado como el año de primera publicación; así que la respuesta A es correcta.

La cerámica de Puebla

1La fabricación de la cerámica de Puebla era bastante sencilla. Los barros que se empleaban provenían de las cercanías de la ciudad de Puebla. Por ejemplo, el blanco de San Bartolo, y el rojo y el negro de los cerros de Loreto y Guadalupe. Mezclados en partes iguales, la amalgama era batida por los pisadores. Después de haberse eliminado, las asperezas causadas por la basura y cuerpos extraños se exponía al sol y después se depositaba en un lugar húmedo durante cinco o seis meses, tiempo durante el cual adquiriría el barro la plasticidad necesaria para su manipulación. Entonces se moldeaban los objetos ya fuera a mano o por medio de un trono. Después de secarse completamente en lugares abrigados, se sometían al fuego del primer horno, llamado juguete, *una operación que era generalmente precedida por una ceremonia pequeña. Reunía al maestro del alfar, enfrente de la boca del horno, todos los oficiales, aprendices, y operarios permanecían descubiertos por algún tiempo en silencio religioso y después, el maestro pronunciaba con toda solemnidad las palabras: ¡Alabado sea por siempre el Santísimo Sacramento! y daba fuego al horno. Esta ceremonia se repetía al abrirse el horno para sacar las piezas ya cocidas. Los hornos para esta primera horneada eran generalmente cuadrados y de dimensiones pequeñas. Se usaba leña común y duraba la cocción de seis a siete horas. La ciudad de Puebla es la ciudad colonial más antigua de México. Al llegar los conquistadores españoles a la ciudad, se encontraron con una tradición con ya varios años de arraigo, bien dominada y desarrollada. Con ello, llegó cerámica importada así como alfareros españoles, quienes instalaron sus talleres, convirtiéndose Puebla en el mayor productor de cerámica del mundo. Su nombre proviene del origen de los primeros artesanos y por ser copia de la producida en Talavera de la Reina, España. Su elaboración conserva su carácter primitivo, pero su decoración se ha modificado recibiendo influencias como la morisca, la china, y las europeas que mezcladas con elementos locales le imprimen características únicas e inconfundibles. Su uso se inició en la arquitectura religiosa y más tarde en la civil, se aplicaron con utilitarios finos y en detalles decorativos. Con el tiempo, se fueron utilizando en superficies de tamaño mayor hasta llegar al máximo en el Siglo XVIII cuando su empleo se generalizó. Combinando azulejos con ladrillos, llegaron a cubrir fachadas completas. Jugando con medidas diferentes y formas geométricas, se crearon cochuras de gran originalidad. Adornaron pisos, patios, escaleras, fuentes, marcos de puertas y ventanas, etcétera. En las iglesias recubrían altares, torres, cúpulas, y portadas hasta hacer de Puebla la ciudad donde los diseños nos salen al encuentro por todas partes.*

107. ¿De qué se trata el texto?

(A) De la ciudad de Puebla y sus tradiciones.

(B) De la ceremonia para la cocción de la cerámica.

(C) Del proceso de fabricación de la cerámica.

(D) Del proceso de fabricación del barro.

La respuesta correcta es la C.
Según la información en la lectura, el texto se trata del proceso de la fabricación de la cerámica; y la respuesta correcta es la C.

108. ¿Cuánto dura el proceso del barro?

(A) De 6 a 7 horas.

(B) De 5 a 6 meses.

(C) De 6 a 7 meses.

(D) De 5 a 6 horas.

La respuesta correcta es la B.
Según la información en la sexta línea de la lectura, el proceso del barro dura de cinco a seis meses; y la respuesta correcta es la B.

109. ¿Qué palabra podría sustituir la frase, *en silencio religioso* en la línea 12?

(A) En silencio cristiano.

(B) En silencio católico.

(C) En silencio absoluto.

(D) En silencio metódico.

La respuesta correcta es la C.
Según el tema de la frase, «en silencio absoluto» puede sustituir por la frase «en silencio religioso» en la línea 12 del texto; y la respuesta correcta es la C.

110. En la línea 19: ¿A qué tradición se refiere el autor?

(A) A gritar *¡Alabado sea por siempre el Santísimo Sacramento!*

(B) A la cocción de la cerámica.

(C) A la obtención de barro.

(D) A la creación de la cerámica.

La respuesta correcta es la B.
Según el tema de la oración pertinente, la respuesta correcta es la B.

111. En la última línea, ¿qué significa la frase, *Nos sale al encuentro por todas partes*?

(A) Que es fácil comprarla.

(B) Que la hay por dondequiera.

(C) Que no es fácil encontrarla.

(D) Que todas las iglesias tienen cerámica.

La respuesta correcta es la B.
Según el tema de la última oración, que incluye la última línea de la lectura, la respuesta correcta es la B.

112. ¿A qué se refiere la palabra, *cochuras* en la cuarta línea hacia el fondo del texto?

(A) A la cocción.

(B) A coser.

(C) A cocer.

(D) Al cochino.

La respuesta correcta es la A.
De acuerdo con la información en la cuarta línea hacia el fondo del texto, la palabra, «cochuras» se refiere a la cocción.

113. ¿Cómo eran los hornos?

(A) Cuadrados y pequeños.

(B) Calientes y peligrosos.

(C) Costosos y pequeños.

(D) Antiguos y cuadrados.

La respuesta correcta es la A.
Según la información en las líneas 15 y 16, la respuesta correcta es la A.

La vida de Frida Kahlo es un gran cuadro dramático enmarcado por el dolor. Desde los seis años, cuando fue atacada por la parálisis hasta el día de su muerte, el sufrimiento no abandonó su cuerpo ni tampoco dejó de estar presente en sus obras. Es más, fue a causa del accidente que la invadió para siempre, cuando era estudiante de la Preparatoria en 1926, que se inició en la pintura. Un tranvía que arrastra un autobús, como tantas veces ha sucedido. Los hierros retorcidos que destrozan su cuerpo, también como tantas veces han sucedido. Sólo que en este caso la muerte se detuvo en seco cuando vio que su víctima, en la cama del hospital, encerrado su cuerpo en la cárcel de yeso, tomaba los pinceles que su padre le había regalado y empezaba a pintar.

Frida nació en Coyoacán. Su infancia en la casa en la que pasaría toda su vida ha quedado registrada en uno de sus cuadros. Infancia casi pueblerina, cuando Coyoacán estaba todavía rodeado de llanos, erizado de nopales y salpicado por la presencia de las humildes casas de adobe. Infancia de patio cerrado en el que la niña podía andar, aún desnuda, entre las plantas del jardín o recorrer los cuartos continuos y de techos altos en cuyos muros veía constantemente los retratos grandes ovalados de su padre, fotógrafo de profesión—Herr Kahlo—de su madre, Matilde Calderón, o de sus abuelos. Imágenes inolvidables que han quedado perpetuadas en su pintura. No es este cuadro el único que nos habla de su vida, sino casi todos los que hizo. Es una artista tan peculiar que pudo darse en su pintura un lujo que sólo los poetas se habían permitido: El de presentar sus sentimientos y sus emociones, su alegría, y su dolor, sus afectos, y sus gustos personales, subjetivos, artísticamente, alcanzando sin embargo, una proyección universal.

El cuadro que Frida Kahlo prefería, entre tantos que pintó, era Mi nodriza y yo—*un cuadro que en su composición me recuerda una pintura popular desconocida, propiedad de un médico rural oscuro, en la que la virgen lleva en sus brazos a Cristo. Y si Cristo, en la pintura popular "muere" en los brazos de su madre. Frida, en su pintura "vive" en los brazos de su nana. Vive gracias a las gotas de leche que florecen en el árbol glandular del pecho de esa nana indígena de piel bronceada y de rostro inmutable, máscara pétrea que es el símbolo genérico del pueblo que alimentó espiritualmente a la pintora.*

En la pintura de Frida Kahlo es evidente su amor por lo biológico, su apego a la naturaleza, sobre todo en dos de sus aspectos: El humano y el vegetal, que es como decir su amor y su apego por lo vital. Es casi una obsesión en sus cuadros—la representación del inicio de la vida, la fecundación y la gestación. ¡Cómo no iba a entusiasmarse ella que tanto sufrió -y lloró—su fracaso maternal! Tal vez la síntesis de su exaltación embriológica está de manifiesto como en ningún otro cuadro como en el "Moisés". La composición es muy simple—simetría con respecto a dos ejes perpendiculares que se encuentran en el centro. "Lo que yo quise expresar—dijo Frida en una charla en la que trató de explicar el sentido de su obra—que la razón por la que las gentes necesitan inventar o imaginar héroes y dioses es el puro miedo. Miedo a la vida y miedo a la muerte. Nos pinta una interpretación de Moisés. Nos pinta su propia vivencia. Es como todo lo que pinta Frida Kahlo."

~ Raúl Flores Guerrero, 1994.

114. ¿Qué mal asechó a Frida?

(A) Un accidente.

(B) La poliomielitis.

(C) Andar desnuda.

(D) Un autobús.

La respuesta correcta es la B.
Según la información en las primeras cuatro líneas del primer párrafo de la lectura, la respuesta correcta es la B.

115. ¿Cuál era el lujo más grande que Frida se podía dar?

(A) Tener una casa bastante grande.

(B) Tener pinceles lujosos y poder pintar.

(C) Representar sus sentimientos en las pinturas.

(D) Vivir en Coyoacán.

La respuesta correcta es la C.
Según la información en la última oración completa del segundo párrafo de la lectura, la respuesta correcta es la C.

116. ¿Quién alimentó la vida de la artista espiritualmente?

(A) Su nodriza indígena.

(B) Su nana indígena.

(C) Su pueblo indígena.

(D) Las pinturas y el arte mismo.

La respuesta correcta es la C.
Según la información en la séptima y octava línea del tercer párrafo de la lectura, la respuesta correcta es la C.

117. ¿Cuál fue la tristeza mayor de la artista?

(A) No poder ser madre.

(B) Haber sufrido un accidente.

(C) Expresar su sufrimiento en las pinturas.

(D) Su esposo, Diego Rivera.

La respuesta correcta es la B.
Según la información en la segunda oración del primer párrafo de la lectura, la respuesta correcta es la B.

118. ¿Qué representa Frida en la obra "Moisés"?

(A) El miedo.

(B) Los héroes.

(C) La vida.

(D) Su maternidad.

La respuesta correcta es la A.
Según la información en la décima y undécima línea del último párrafo del último párrafo de la lectura.

119. ¿Qué relación tenían Herr y Frida?

(A) Herr y Frida eran amigos.

(B) Herr era cliente de Frida y le compraba sus obras.

(C) Herr era el padre de Frida.

(D) Herr era el hermano de la nodriza de Frida.

La respuesta correcta es la C.
Según la información en las líneas seis y siete del segundo párrafo de la lectura, Herr era el padre de Frida.

120. De acuerdo con la lectura, ¿en qué año nació Frida Kahlo?

(A) En 1994.

(B) En 1926.

(C) En Coyoacán en 1944.

(D) No se especifica.

La respuesta correcta es la D.
La respuesta correcta es la D porque según la lectura, el año del nacimiento de Frida Kahlo no es mencionado u especificado.

REFERENCES

Zatarain, I. et al. (2004). *Conjugación*. México, D.F; Larousse

ISBN 970-607-783-9

Fuentes, J. (2004). *Ortografía*. México, D.F; Larousse.

ISBN 970-607-169-5

http://www.rae.es

http://www.aplicaciones.info/lengua/morfo08.htm

http://www.gramaticas.net/2011/09/genero-gramatical.html

http://castellanoactual.com/entendiendo-los-usos-de-que-y-de-que-en-el-habla-cotidiana/

http://www.studyspanish.com/lessons/time.htm

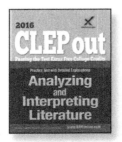

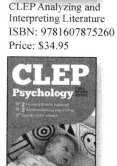

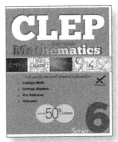

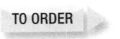

CPSIA information can be obtained
at www.ICGtesting.com
Printed in the USA
BVOW06s1326160317
478605BV00031B/472/P